Die Herbst-Küche

von Susanne Teige

1. Neuauflage

Autorin: Susanne Teige

Rezepte: Archiv u.a., Susanne Teige

Gestaltung/Illustrationen: Christine Bouterâa

Druck: GGP Media, Pößneck

Inhalt

Vorwort

Unsere Herbstküche besteht nicht nur aus Kürbis, Mais und Wildpilzen. Die meisten heimischen Gemüsesorten haben von September bis Oktober Hochsaison. Obst gibt es ebenfalls den gesamten September über noch reichlich. Wildfrüchte beleben den Speiseplan bis in den Winter hinein. Die Auswahl an frischer Pflanzenkost ist im Herbst gewaltig. Importwaren sind zu diesem Zeitpunkt überflüssiger Energie verschwendender Luxus, der einer verantwortungsbewussten Naturküche im Wege steht. In diesem Büchlein geht es daher nur um Heimisches aus Feld und Garten: Was so alles Gesundes drin ist, wie es verwahrt, haltbar gemacht und verzehrt wird … und Sie erfahren, warum Bio besser ist. Die Rezepte sollen Lust auf eine vielseitige Herbstküche wecken. Guten Appetit!

Susanne Teige, 2001

Herbst – aus dem Vollen schöpfen!

Wenn der selbst gebaute Drache im Wind über dem abgeernteten Stoppelfeld seine Kreise zieht, dann ist endgültig der Herbst hereingebrochen. Eine kleine Weile hoffen wir noch auf wärmende Sonnenstrahlen, aber irgendwann ist es da, das triste Spät-Herbstwetter. Bis dahin muss die Ernte größtenteils unter Dach und Fach sein. Die Menschen haben dies zu allen Zeiten mit diversen Festen gefeiert. Je weiter der Herbst fortschreitet, umso größer wird das Risiko, von einer Erkältungswelle mitgerissen zu werden. Darum mögen manche Menschen den Herbst nicht so gerne. Mehr zu den Festen und wie Erkältungen der Garaus gemacht wird, in diesem Kapitel.

Die Herbstküche und ihre Feste

Als das Überleben des Menschen noch stark von Witterung und Ernteertrag abhängig war, da hatte der Herbst im Jahresverlauf eine besondere Bedeutung. Es galt das Gesäte und Gepflanzte zu ernten und für den langen Winter haltbar zu machen.

Das Frühjahr war begleitet von geduldigem Warten auf das Aufgehen der Saat. Im Sommer folgten hoffnungsvolle Blicke auf Felder und Bäume, ob auch alles gut wachse. Jetzt im Herbst kam das Bangen auf gutes Wetter hinzu, um den richtigen Erntezeitpunkt zu erwischen.

Nach der geglückten Ernte hieß es dann, geschickt die Ernte vor dem Verderb zu schützen: Einkellern, Einmachen, Einlegen, Trocknen sowie Salzen und Säuern, das sind seit jeher altbekannte Methoden.
Auch heute noch sind Landwirte auf akzeptables Wetter und auf guten Boden angewiesen. Der übrige Teil der Bevölkerung bekommt davon kaum mehr etwas mit. Es sei denn Dauerregen vermiest einem den Sommer oder unerträgliche Hitze lässt auch die letzten Sonnenanbeter in den Schatten flüchten. Hobbygärtner sind dann vielleicht enttäuscht, weil es nach all der Mühe kaum etwas zu ernten gibt. Jedoch muss niemand in der industrialisierten Welt mehr bangen, nun hungern zu müssen. In den armen Ländern sind jedoch nach wie vor Wetter, Ernte und Hunger eng miteinander verbunden. Auch in den reichen Ländern gibt es Armut und Hunger, jedoch nicht aufgrund schlechter Ernteerträge.
Der Mensch ist aber nach wie vor abhängig von der ihn umgebenden Natur. Mit modernen Hilfsmitteln wie künstlicher Bewässerung und Traktoren zur Bodenbearbeitung kann es sich der Mensch etwas einfacher machen. Er kann jedoch nicht kurzfristig das Wetter beeinflussen. Eher langfristig bewirkt der Mensch Klimaverschiebungen mit all ihren katastrophalen Folgen. Ein wichtiger Grund, um der naturnahen und schonenden Landwirtschaft den Vorzug zu geben.

Zu allen Zeiten haben Menschen ihren Göttern für reiche Ernte gedankt. Sie entwickelten Rituale und Feste, um die Götter gnädig zu stimmen. Dazu gehörten zum Beispiel der *Erntedank* und die *Tag-und-Nacht-Gleiche.* Einige dieser herbstlichen Feiern haben sich bis in dieses Jahrhundert erhalten.
In der zweiten Hälfte des Monats September gibt es einen Tag, an dem die Zeit zwischen Sonnenaufgang und Sonnenuntergang ebenso lang ist wie die Zeit zwischen Sonnenuntergang und Sonnenaufgang. Frühere Kulturen begannen diesen Tag mit einem Fest oder hielten magische Zeremonien ab. Heute dient die *Tag-und-Nacht-Gleiche* meist nur noch profan der Bestimmung des Herbstanfangs. Mit den Märkten um den *Matthäus-* und *Michaelstag* (21. Und 29. September) wird der Herbst heutzutage willkommen geheißen.
Eines der wichtigsten Feste im Herbst ist das *Erntedankfest.* Die meisten Rituale und Zeremonien dazu sind heutzutage fast in Vergessenheit geraten. Erst wenn die Ernte fast

komplett eingebracht war, konnten die Menschen sich freuen und dies feiern. Am ersten Sonntag im Oktober wurde zum Dank für die göttliche Mithilfe an der Ernte ein großes Fest abgehalten. In einigen Regionen wurde erst gefeiert, wenn das *Brot*-Getreidefeld abgeerntet oder der letzte Erntewagen eingefahren war. Früher wurden die zeremoniellen Fäden für das kommende Erntedankfest bereits im Sommer gesponnen. Schon am 25. Juli (Jakobi) schnitten die Menschen die ersten Halme von den Getreidefeldern ab. Die ersten drei Ähren wurden geweiht und sorgfältig verwahrt, um die bevorstehende Erntezeit zu beschützen. Die zuletzt geernteten Ähren fanden Eingang in die gute Stube und blieben da gut sichtbar bis in den Frühling hängen. Für die neue Aussaat wurden die Körner dann mit verwendet und sorgten für die Fortführung des ewigen Wechsels von *alt* und *neu*.

In den USA wird das Erntedankfest, *Thanksgiving*, am 13. Oktober traditionell vor allem mit Truthan, Maiskolben, Kartoffelbrei und Kuchen (*Pie*) gefeiert. Für die Amerikaner ist dies eine gute Gelegenheit, um mal wieder alle Familienmitglieder beieinander zu haben. Da es in Amerika viele gesundheitsbewusste Vegetarier gibt, bleiben die Truthähne in jüngster Zeit immer häufiger verschont.
Vielerorts stand am dritten Sonntag im Oktober das nächste große Fest der Saison vor der Tür: die *Kirchweih*. Sie war das Hauptfest der früheren Landbevölkerung. Ursprünglich wurde dieses Fest zum Gedenken an die Einweihung der Dorfkirche gefeiert. Nach einem arbeitsreichen Sommer und einer geglückten Ernte waren jedoch auch weltliche Dinge an diesem Feste wichtig. Die herbstlichen Jahrmärkte waren wirtschaftlich bedeutend. Im Gegensatz zum regelmäßigen Wochenmarkt konnten

jetzt auch ortsfremde Händler und Handwerker ihre Waren anbieten. Wenn überhaupt, dann hatte man am Ende der Ernteperiode etwas freie Zeit und genügend Geld in den Taschen, um sich mit den Dingen zu versorgen, die man nicht selbst herstellen konnte: Stoffe, Schuhe, Schmuck, Gerätschaften für Haushalt und Landwirtschaft, Geschirr, Spielzeug, Bücher ... Religiöse Aspekte gerieten so immer mehr ins Hintertreffen. Die Tradition des großen Marktfestes hat sich bis heute als *Kirmes*, *Messe*, *Kerb* oder *Dult* erhalten. Jedoch geht es nun mehr um Kurzweil als um wirtschaftlichen Handel mit dem Notwendigen. Höchstens die überall angebotenen roten Zuckeräpfel lassen noch etwas von dem ursprünglichen Herbstfest erahnen.
Der November beginnt ebenfalls mit einem christlichen Feiertag, genau genommen mit zwei Tagen: *Allerheiligen* und *Allerseelen*. Der erste November ist den verstorbenen *Heiligen* gewidmet, der zweite den ganz normalen *Seelen*. Im Volksglauben spielte der zweite Tag die schillerndere Rolle. Man war auf der Hut, um arme herumirrende Seelen nicht zu verletzen. Türen durften

nicht zugeschlagen werden, kein Messer sollte mit der Schneide und kein Rechen mit den Zinken nach oben herum liegen. Das erste Gebäck des vergangenen Kirchweih-Festes hatte man als Trost für diese Seelen aufgehoben und warf es nun mancherorts ins Herdfeuer. In Amerika heißt dieses Fest Halloween. Dort sollen umherirrende Geister in der Nacht vom 31. Oktober auf den ersten November vertrieben werden. Gleichzeitig kommt eines der wichtigsten Herbstgemüse, der Kürbis nun zu vollen Ehren. Er wird ausgehöhlt und als Pumpkin-Pie (Kürbiskuchen) verspeist. Geschnitzte Kürbisfratzen sollen die Geister vertreiben.
Mit dem Martinstag, dem 11. November, beginnt der bäuerliche Winter. Feld- und Gartenarbeit sind getan, eine ruhigere Zeit ist angebrochen. Für uns dagegen ist erst kurz vor Weihnachten der Herbst offiziell zu Ende. Am Martinstag gedenken die Menschen dem Heiligen Martin, der seinen Mantel mit einem Bettler teilte. Kinder ziehen von Haus zu Haus, singen Lieder und betteln um eine Süßigkeit. Dabei gerät der ursprüngliche Gedanke, den Armen und Hungernden zu geben

und mit ihnen zu teilen, heutzutage immer mehr in Vergessenheit.

Die *Adventszeit* fällt genau genommen größtenteils noch in die Herbstzeit, obwohl die meisten Menschen in Gedanken wohl schon im Winter sind. An den letzten vier Sonntagen vor Weihnachten kommen traditionell Nüsse (Haselnüsse und Walnüsse), Plätzchen und Äpfel auf den Tisch. Die Nüsse und das Obst stammen aus der (spät-)herbstlichen Ernte.

Gesund bleiben – natürlich schützen!

Was vor einigen Jahren noch mehr eine Vermutung war, ist in den letzten Jahren durch zahlreiche wissenschaftliche Untersuchungen bestätigt worden: Wer reichlich Obst und Gemüse isst, der ist besser geschützt vor Erkältungskrankheiten, seine Immunabwehr reagiert schlagkräftiger und bestehende Infekte werden besser überwunden. Das Geheimnis liegt im Verborgenen. Obst und Gemüse haben nicht nur wertvolle Vitamine und Mineralstoffe, sondern auch reichlich sekundäre Pflanzenstoffe mit vielfältigen positiven Wirkungen auf unsere Gesundheit. Diese Pflanzenstoffe sind es, die dafür sorgen, dass die gesundheitliche Statistik bei Vollwertköstlern, Vegetariern und anderen Bevölkerungsgruppen, die bevorzugt pflanzliche Lebensmittel verzehren, so viel besser

ausfällt als bei der übrigen Bevölkerung. Herz- und Kreislaufkrankheiten, Arteriosklerose, Übergewicht, ja sogar Krebserkrankungen treten bei reichlicher Pflanzenkost eindeutig seltener auf. Gesundheit kann man sich also auch ein Stück weit *kaufen*.
Im Herbst, wenn die Erkältungswelle wieder zuschlägt, dann liefern frisches Obst und Gemüse reichlich Vitamin C. Im Gemüse steckt sogar im Durchschnitt noch mehr von diesem Antigrippe-Vitamin drin als im Obst. Produkte aus ökologischem Anbau sind zudem so schadstoffarm wie möglich. Es haften keine unerwünschten Spritzmittel daran. Abwaschen genügt daher in den meisten Fällen. Ein Großteil der wertvollen Vitamine sitzt direkt unter der Schale und ginge beim Schälen verloren. Saisonware aus der direkten Umgebung ist am frischesten. Durch lange Lagerung und Transportwege gehen wertvolle Vitamine verloren. Aber auch die Weiterverarbeitung spielt eine erhebliche Rolle. Rohkostsalate sind im Herbst ein Muss, um gesund durch die nasskalte Jahreszeit zu kommen. Durch Erhitzen gehen viele wertvolle Vitamine verloren. Durch milchsaures Einlegen kommen sogar noch Vitamine (Vitamin C und B_{12}) hinzu. Alle guten Vorsätze nützen natürlich nichts, wenn sie nur spärlich angewendet werden. Darum: Am besten fünfmal täglich, also zu jeder Mahlzeit, irgendetwas Frisches verzehren. Zum Beispiel zum Müsli einen geriebenen Apfel, zwischendurch ein Glas frisch gepressten

Obstsaft, mittags einen Salat, nachmittags ein Stück Obst (auch mal ein Stück Obstkuchen) und abends etwas Gemüse (z.B. Tomaten und Gurke) zum Brot oder eine große Gemüsebeilage zur warmen Mahlzeit. Tipp: Obst und Gemüse nach dem Ampelprinzip zusammenstellen. Eine Mischung aus rotem, gelbem und grünem Gemüse oder Obst sorgt stets für eine gesunde Abwechslung und damit für eine ausgewogene Rundumversorgung. Wildgemüse (z.B. Löwenzahn) und Wildfrüchte (z.B. Hagebutten und Sanddorn) haben oft einen besonders hohen Anteil an bestimmten Pflanzenstoffen mit hoher positiver gesundheitlicher Wirkung. Sie sind daher eine abwechslungsreiche und höchst gesunde Ergänzung auf dem Speisenteller. Ein Gläschen Sanddorn- oder Holunderbeersaft sind ein natürlicher Vitamin-C-Trunk. Hagebuttenmus und Quittenmarmelade sind ebenfalls zu empfehlen.
Auch Rettiche, Zwiebeln und Knoblauch vertreiben die Bazillen effektiv aus unserem Körper. Wundermittel gibt es natürlich nicht. Aber die gibt es auch in der Medizin nicht. Nicht umsonst sagt der Volksmund: „Ein Schnupfen dauert mit Medikamenten sieben Tage und ohne eine Woche".
Wenn's draußen regnet und stürmt, dann verziehen sich die meisten Menschen in die Häuser. Drinnen im Warmem gehen auf engem Raum schnell Husten, Schnupfen und Heiserkeit um. Ein heißes Tässchen

Tee mit Zitrone und Honig vertreibt erstes leichtes Kratzen im Halse. Auch die heiße Milch mit Honig wirkt manchmal wahre Wunder gegen Halsschmerzen. Wichtig bei wundem Hals: viel Schlucken! Also schlückchenweise viel Trinken! Hals-Schmerztabletten sind meist sehr scharf und bewirken nicht selten das Gegenteil. Der Hals brennt danach erst recht feuerrot. Zur Stärkung des Immunsystems jetzt so viele natürliche Vitamine wie irgend möglich tanken. Säfte sind ideale Fitmacher. Es müssen nicht immer frisch gepresste Säfte sein. Im Naturkostladen gibt es eine große Auswahl verschiedener Säfte. Der Vorteil: eine umfangreiche Mischung aus vielen verschiedenen Säften schließt eventuelle Versorgungslücken ganz nebenbei. Vitaminpillen sind dann überflüssig. Sie sind nur in bestimmten Fällen notwendig, zum Beispiel während der Schwangerschaft, in der Stillzeit oder nach schwerer Krankheit. Hierüber sollte im Einzelfall der Arzt entscheiden.

Saftig gegen Erkältungen

- Im Entsafter pressen: 100 Gramm rote Trauben, 100 Gramm schwarze Johannisbeeren und eine halbe Grapefruit. Alles mischen.

- Ganz schnell fertig: Saft von zwei Orangen und einer Grapefruit auspressen und mischen.

- Im Entsafter pressen: Saft von zwei großen Äpfeln und einer großen Birne. Eine halbe Banane pürieren und zum Apfel-Birnensaft dazu geben.

- Acht Möhren, zwei Rote Bete und zwei Hand voll Blattspinat im Entsafter pressen. Einen Teelöffel Distel- oder Kürbiskernöl zugeben. Den Saft mit einem Esslöffel Zitronensaft und je einer Prise Salz und Pfeffer abschmecken.

Ein ganz besonderer Saft sind alkoholhaltige Liköre. Viele Liköre haben ihren Ursprung in der Volksheilkunde. Man hatte erkannt, dass Alkohol die Wirkstoffe und Aromen aus Kräutern und Früchten löst und gleichzeitig konserviert. Ein Kräuterlikör nach einem üppigen Mahl kann sehr wohltuend für den Magen sein und ein Likör aus Wildfrüchten vertreibt die Bazillen aus dem Halse.

Zu guter Letzt: Die gesündeste Herbstküche kann nicht wirken, wenn sich die Menschen nicht an der frischen Luft abhärten und den Körper an das raue Klima gewöhnen. Daher: Täglich einen kurzen Spaziergang bei jedem Wind und Wetter machen und – energieschonend – das Auto auch in der nasskalten Jahreszeit öfters mal in der Garage stehen lassen!

Reiche Ernte im Herbst

Auf den Feldern und in den Gärten herrscht Hochbetrieb. Es ist Haupterntezeit. Die Vielfalt an heimischem Obst und Gemüse ist zu keiner anderen Jahreszeit so groß wie jetzt. Importwaren sind jetzt völlig überflüssig. Im folgenden Kapitel soll daher nur einheimisches Gemüse und Obst näher erläutert werden. Durch entsprechende Lagerung verlängert sich die Saison für manche heimischen Obst- und Gemüsesorten noch um einige Monate, obwohl die Ernte bereits abgeschlossen ist.

Gemüse – *Vitamine mit Biss*

Der Herbst beschenkt uns reichlich. Die Ernte der meisten heimischen Gemüsesorten beginnt bereits im Hochsommer und zieht sich bis weit in den Herbst hinein. Gartensalate, Zucchini und Tomaten lassen sich von Juni bis Oktober ernten. Für die meisten Kohlsorten beginnt die Erntezeit erst im Spätsommer, reicht dafür aber bis Anfang Dezember, vereinzelt auch noch länger. Manche Gemüsesorten gelten als typisch für den Herbst, weil die Haupterntezeit von September bis November reicht. Hierzu gehören Chinakohl, Kürbis, Rote Bete, Sellerie und Wirsing. Die meisten Kohlsorten sind Herbst- und Wintergemüse. Auch der Mais fehlt auf keinem Erntedankfest. Er wird als Getreide oder als Gemüse verwendet.

Gemüsesaison (Ernte)	Zugehörigkeit	Aug.	Sept.	Okt.	Nov.	Dez.
Blumenkohl	Kohlgemüse	●	●			
Broccoli	Kohlgemüse	●	●	●		
Chinakohl	Kohl-/Blattgemüse		●	●	●	
Einmachgurken	Fruchtgemüse	●	●	●		
Endiviensalat/Eskariol	Blattgemüse		●	●	●	
Feldsalat	Blattgemüse		●	●	●	●
Fenchel	Stängelgemüse	●	●	●	●	
Kartoffeln	Knollengemüse	●	●	●		
Kohlrabi	Kohl-/Stängelgemüse	●	●	●		
Kürbis	Fruchtgemüse	●	●	●	●	
Mais	Getreide/Fruchtgemüse	●	●	●		
Möhren	Wurzelgemüse	●	●	●	●	
Pastinaken	Wurzelgemüse			●	●	●
Porree/Lauch	Zwiebelgemüse	●	●	●	●	
Radieschen	Wurzelgemüse	●	●	●		
Rettich	Wurzelgemüse	●	●	●		

In der Tabelle sind nur die Gemüsesorten aufgeführt, die an mindestens zwei Monaten im Herbst bei uns Erntesaison haben.

Rosenkohl	Kohlgemüse		●	●	●	●
Rote Bete/Rüben	Wurzelgemüse		●	●	●	
Rotkohl	Kohlgemüse	●	●	●	●	
Rauke/Rucola	Blattgemüse		●	●	●	●
Salate wie z.B. Eichblatt-, Eisbergsalat, Lollo Rosso	Blattgemüse	●	●	●		
Schwarzwurzeln	Wurzelgemüse			●	●	●
Sellerieknollen	Wurzelgemüse		●	●	●	
Selleriestauden	Stängelgemüse	●	●	●		
Spinat	Blattgemüse	●	●	●		
Steckrübe	Wurzelgemüse		●	●	●	●
Tomaten	Fruchtgemüse	●	●	●		
Weißkohl	Kohlgemüse		●	●	●	●
Wirsing	Kohlgemüse		●	●	●	●
Zucchini	Fruchtgemüse	●	●	●		
Zwiebeln	Zwiebelgemüse	●	●	●		
Wildpilze		●	●	●	●	

Kohlgemüse

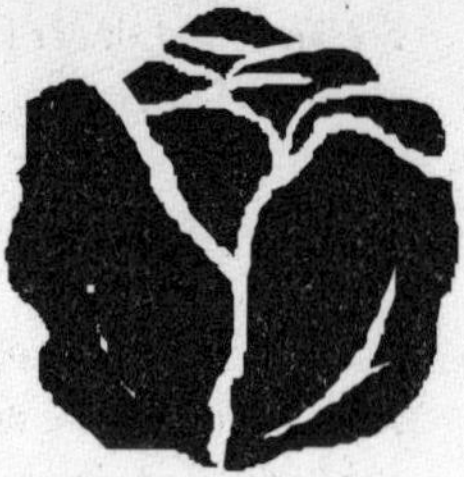

(*Braccicaceae*) gehört zur Familie der Kreuzblütler (*Cruciferae*). **Blumenkohl** und **Broccoli** sind Gebilde aus verdichteten, noch nicht voll entwickelten Blütenknospen. Die Knospen können zu gelben Blüten heranwachsen, die allerdings dann ihren Geschmack verloren haben. Blumenkohl kann roh (z.B. geraspelt im Salat oder eingelegt) und gegart verzehrt werden. Beim Garen einen Spritzer Zitrone über den Kohl geben, damit er nicht braun wird. Darauf achten, dass der Kohl noch bissfest ist – so schmeckt er besser und das enthaltene Vitamin C wird geschont. Da Blumenkohl eine der bekömmlichsten Kohlsorten ist, wird er gerne in ersten Baby-Gemüsebreien verwendet.

Vom **Broccoli** nur das Holzige am Strunk entfernen und die Röschen kurz blanchieren (Stiele evtl. kurz vorgaren). Mit etwas zerlassener Butter und gerösteten Mandelblättchen serviert oder in Sahne geschwenkt und eventuell mit etwas Käse verfeinert, ist Broccoli schnell zubereitet. Er ist berühmt für seinen hohen Gehalt an dem wichtigen Vitamin

Folsäure und daher besonders für Schwangere sehr empfehlenswert.

Chinakohl ist sowohl ein Kohl- als auch ein Blattgemüse (ebenso wie Weiß-, Grün-, Rosen- und Rotkohl sowie Wirsing). Er kann roh als Salat und gegart wie Gemüse gegessen werden. Chinakohl hält sich eine Woche im Kühlschrank. Daher können individuell kleine Mengen abgenommen und unterschiedlich verwendet werden, zum Beispiel in feine Streifen geschnitten in der Nudelsuppe oder als bissfeste Komponente im gemischten Salat. Chinakohl ist ebenfalls reich an Vitamin C und Folsäure. Er wird gut von Menschen mit empfindlichem Magen vertragen, da er nicht bläht. Seine Senföle fördern die Verdauung.

Kohlrabi tanzt ebenfalls quasi auf zwei Hochzeiten, denn es lässt sich sowohl dem Kohlgemüse als auch dem Stängelgemüse zuordnen. Kohlrabi ist jedoch, wie man auch vermuten könnte, kein Knollengemüse, da dieses nur unterirdisch wächst. Bereits im Frühsommer werden die ersten Kohlrabi*knollen* geerntet. Kohlrabi ist ein mild schmeckendes Gemüse. Kinder mögen den zarten Geschmack. Junger Kohlrabi lässt sich wie ein Apfel schälen und roh essen. Später schmeckt er geraspelt als

Rohkost solo oder zusammen mit Möhren und Äpfeln angenehm frisch und saftig. Je größer die Knollen, desto holziger ist der Kohlrabi. Das Holzige muss sorgfältig herausgeschnitten werden. In Scheiben oder Streifen geschnitten und in einer Sahnesauce gegart ist Kohlrabi auch eine leckere Gemüsebeilage. Frischer Kohlrabi enthält besonders viel Vitamin C. Gegart wird Kohlrabi sowohl von kleinen Kindern als auch von Magenempfindlichen gut vertragen.

Rosenkohl sieht aus wie kleine Kohlköpfchen. Er wächst dicht gedrängt in den Achseln der Stängelblätter des Kohlgewächses. Beim Einkauf darauf achten, dass die Röschen fest und knackig sind. Gelbliche Außenblätter sind ein Qualitätsmanko. Rosenkohl wird gegart serviert, meist als Gemüsebeilage oder in Kartoffelaufläufen. Junge Röschen lassen sich jedoch in sehr feine Scheibchen geraspelt auch roh als Salat zubereiten. Den Stielansatz vor dem Garen kreuzweise einschneiden. Er gart dann schneller und Bitterstoffe können ins Wasser entweichen. Rosenkohl wird wie alle anderen Kohlsorten auch, eine starke Anti-Krebswirkung zugeschrieben. Kinder verschmähen Rosenkohl manchmal, weil er ihnen zu bitter ist. Grob zerkleinert und unter Kartoffelpürree gehoben, schmeckt er weniger streng.

Rot- und Weißkohl gehören zu den typischen Herbst- und Wintergemüsen. Sehr fein geraspelt lassen sich beide Sorten zu Rohkost verarbeiten. Dicke Strünke und Rippen heraus schneiden. Gegart schmeckt Weißkohl mit Kümmel und Kartoffeln. Rotkohl passt zusammen mit Preiselbeeren zu Wildpilzen – ein typisches Herbstgericht. Rotkohl empfinden Magenempfindliche meist als bekömmlicher als Weißkohl. Die meisten Kinder mögen Rotkohl gerne, wenn er mit süßen Äpfeln (oder Apfelmus) verfeinert wurde.

Wirsing nimmt mit seinen krausen Blättern gerne Schadstoffe auf. Hier besonders auf gute Bio-Qualität achten! Sicherheitshalber die äußersten Blätter entfernen. Wirsing lässt sich zu Rouladen verarbeiten oder gehackt mit Tomaten und Zwiebeln sowie einem Schuss Sahne als Gemüsepfanne. Auch Lasagne lässt sich aus Wirsing zubereiten. Wirsing gehört zu den Kohlgemüsen mit einem hohen Gehalt an wertvollen Pflanzenstoffen, denen eine Antikrebswirkung und eine Stärkung des Immunsystems nachgesagt wird. Wirsing ist ziemlich robust. Frost kann den winterharten Sorten nichts anhaben.

Wurzelgemüse

Radieschen und **Rettich** gehören ebenfalls zu den Kreuzblütlern, obwohl sie ansonsten mit dem Kohl nichts gemeinsam haben. Es handelt sich hier um ein Wurzelgemüse. Radieschen werden ungeschält (nur gewaschen und geputzt) verzehrt. Rettich wird vor dem Verzehr geschält. Radieschen und Rettich werden als Rohkost geschätzt. Sie enthalten ätherische Öle, denen sie ihre Schärfe zu verdanken haben. Diese Öle wirken sich positiv auf die Immunabwehr aus. In Scheibchen geschnittene Radieschen (dünn mit Salz bestreut!) auf Vollkornbrot mit Butter, das mögen auch Kinder gerne.

Rüben wie **Rote Bete, Pastinaken**, **Steckrüben** (auch Kohlrüben genannt) und **Möhren** gehören ebenfalls zum Wurzelgemüse. Auch der **Knollensellerie** und die **Schwarzwurzeln** sind Wurzelgemüse. Botanisch handelt es sich jedoch um unterschiedliche Pflanzen. Nur die Steckrübe zählt noch zu den Kreuzblütlern. Karotten und Pastinaken gehören zusammen mit Sellerie (Stangen-, **Knollensellerie**) und Fenchel zu den Doldengewächsen. Rote Bete (Rote Rüben) gehört wie Spinat zu den Gänsefußgewächsen. Und Schwarzwurzeln sind wie die Blattsalate Korbblütler.

Möhren gibt es bereits im Sommer. In Herbst und Winter haben sie jedoch eine große Bedeutung als preiswertes und gut lagerfähiges Gemüse. Sie lassen sich in einem kühlen Keller in Sandkasten-Sand verbuddeln und halten sich so viele Wochen. Möhren müssen nicht geschält werden. Es genügt, sie mit einer Gemüsebürste kräftig zu schrubben. Möhren lassen sich vielfältig verwenden. Sie passen zum Beispiel zu Zucchini, Kartoffeln und Zwiebeln. Möhren schmecken roh geraspelt, gegart in Stücke geschnitten oder püriert. Sie passen als Beilage, schmecken in Aufläufen und Gratins. Ihr milder und süßlicher Geschmack macht sie bei Kindern besonders beliebt. Die orangefarbenen Tausendsassa sind zudem sehr bekömmlich und enthalten reichlich Beta-Carotin (Vorstufe des Vitamins A) sowie andere, der Gesundheit dienenden Pflanzenstoffe.

Pastinaken gehören im Naturkostbereich zu einem gerade in jüngster Zeit wieder entdeckten Gemüse. Am besten schmecken sie nach dem ersten Frost. Dann entwickeln sie das meiste Aroma. Pastinaken haben ansonsten viel Ähnlichkeit mit Möhren. Sie müssen vor dem Kochen nicht geschält werden. Es genügt, sie wie Möhren zu waschen und zu putzen. Nach dem Garen lässt sich die dünne Schale leicht abziehen. Besonders empfehlenswert sind kleine Wurzeln. Bei großen Wurzeln muss das Innere herausgeschnitten werden, da es häufig hart und holzig ist. Pastinaken können in Gerichten anstelle von Möhren oder Schwarzwurzeln verwendet werden. Pastinaken lassen sich pürieren und sogar zu Pommes frites verarbeiten. Pastinaken können auch als Rohkost verzehrt werden. Sie sollten dann vorher Frost abbekommen haben und mit einem Sparschäler dünn geschält werden. Da Pastinaken sehr kohlenhydratreich sind, sind sie süßer als Möhren und besonders bei Kindern beliebt. Das süßlich-nussige Aroma schmeckt sogar kleinen Babys, weshalb das Gemüse in Baby-Gläschenkost gerne zum Einsatz kommt. Auch in der Schonkost sind die milden Wurzeln eine bekömmliche Gemüsevariante. Da Pastinaken winterhart sind, können sie den ganzen Winter über frisch gekauft werden.

Rote Bete wird auch *Rote Rübe*, *Salatbete* oder *Salatrübe* und in der Schweiz *Rahne*, *Rohne* oder *Rande* genannt. Rote Bete gehört zu den Gemüsen, die leicht Nitrat anreichern. Rote Rüben aus kontrolliert biologischem Anbau sind nicht mit mineralischem Stickstoff gedüngt und enthalten daher meist weniger Nitrat als konventionelle Ware. Rote Rüben lassen sich im Kühlschrank gut lagern, im kühlen Keller im Sandbett sogar viele Wochen. Rote Bete muss vor dem Verzehr sorgfältig geschält werden. Sie schmeckt geraspelt als Salat, besonders lecker zusammen mit einem geriebenen Apfel und mit Kürbiskernöl verfeinert. Rote Bete lässt sich auch in Scheiben geschnitten als eingelegtes Gemüse verzehren. Kinder mögen Rote Bete wegen des mild-süßlichen Geschmacks als Rohkost. Gegart oder säuerlich eingelegt geht dieser besondere Geschmack zum Teil verloren und die Roten Rüben werden dann manchmal von den Kleinen verschmäht. Da Rote Bete leicht ausblutet, wird sie am besten ungeschält gegart und danach erst geschält. Auch die Blätter nur vorsichtig abdrehen, da über die Schnitte der kostbare rote Saft entweicht. Verfärbungen an den Händen lassen sich mit Zitronensaft entfernen. Rote Bete ist besonders reich an Magnesium sowie an dem B-Vitamin Folsäure. Die Roten Rüben sind daher für Schwangere sehr empfehlenswert. Wer unter hohem Blutdruck leidet, schätzt die Rote Bete wegen ihres hohen Gehalts an Kalium. Rote Bete hat viele hochwirksame Pflanzeninhaltsstoffe. Diese Stoffe schützen unter anderem vor Erkältungen. Als natürliche Vorbeugung gegen Anämie, volkstümlich Blutarmut genannt, soll Rote Bete auf Kinderwangen rosa Farbe zaubern. Rote Bete kann auch Stuhl und Urin färben.

Schwarzwurzeln sind ein typisches Herbst- und Wintergemüse. Botanisch gehört dieses Wurzelgemüse, kaum zu glauben, zusammen mit den Blattsalaten (Blattgemüse) in die Familie der Korbblütler. Da die Zubereitung (das Schälen) etwas mühselig ist, sind Schwarzwurzeln bei uns fast in Vergessenheit geraten. Eigentlich schade drum. Denn die aromatisch-säuerlich schmeckenden weißen Stangen sind ein ganz besonderes Geschmackserlebnis. Wegen ihres Aussehens werden Schwarzwurzeln auch als Winterspargel bezeichnet. Geschmacklich haben sie aber kaum etwas gemeinsam. Zubereitungstipp: Die Wurzeln erst 10 bis 15 Minuten in Zitronenwasser garen (in einem alten Topf) und dann mit Handschuhen schälen. So bleiben die Wurzeln schön weiß, beim Schälen klebt nichts mehr und die Hände können nicht schwarz werden. Schwarzwurzeln enthalten das Kohlenhydrat Inulin. Dieses erhöht nicht den Blutzuckerspiegel. Die weißen Wurzeln sind daher auch für Diabetiker ein besonders verträgliches Gemüse. Darüber hinaus sollen Schwarzwurzeln eine Blut reinigende Wirkung und einen positiven Einfluss auf die Nierentätigkeit haben.

Sellerie gibt es in zwei völlig unterschiedlichen Varianten: Knollensellerie (auch Wurzelsellerie genannt) ist ein

Wurzelgemüse und Stangensellerie (hierzu gehört auch der Bleichsellerie) ist ein Stängelgemüse. Knollensellerie findet überwiegend gekocht als würzige und appetitanregende Suppenbeilage Verwendung. Stangensellerie schmeckt roh mit einem sahnigen Dipp, zum Beispiel aus geriebenem Rettich und Apfel mit reichlich geschlagener Sahne. Die im Stangensellerie enthaltenen Pflanzenstoffe sollen gegen hohen Blutdruck helfen (durch Förderung des Abbaus von Stresshormonen) und die Immunabwehr stärken.

Steckrüben (auch Kohlrüben genannt) sind eine Kreuzung aus Kohlrabi und weißer Rübe und gehören damit zur Gruppe der Kreuzblütler. Sie haben in unseren Gegenden in den letzten Jahren stark an Beliebtheit eingebüßt und wurden etwas zu Unrecht mehr und mehr durch das breite Angebot anderer schmackhafter Gemüsesorten verdrängt. Steckrüben werden geschält, in Stücke oder Stifte geschnitten und gegart. Sie sind als Gemüseeinlage in Suppen und Eintöpfen geeignet. Die zart gelblichen, gegart etwas durchscheinend aussehenden Rüben haben reichlich Kalium, liefern im Winter wertvolles Vitamin C und sind ein guter Lieferant des wichtigen B-Vitamins Folsäure. Steckrüben wirken leicht harntreibend.

Knollengemüse

Kartoffeln sind Nachtschattengewächse (Solanaceae) und gehören zu den Knollengemüsen. Von Sommer bis Herbst ist durchgehend Kartoffelerntezeit. Die frühen Sorten eignen sich nicht zum Lagern. Erst die späten Sorten lassen sich für den Winter einkellern. Von fest- bis mehligkochend, klein bis riesengroß, dünn- bis dickschalig gibt es alles, was des Kartoffelfreundes Herz begehrt. Die verschiedenen Kartoffelsorten werden unter so wohl klingenden Namen wie *Bintje, Desiree, Datura* und vielen weiteren Namen mehr angeboten. Anders ließen sich die vielen Kartoffelsorten wohl nicht mehr überblicken. Es gibt circa dreitausend verschiedene Sorten, von denen rund 150 von wirtschaftlicher Bedeutung sind. Kartoffeln sollten weder grüne Stellen noch Augen (Keimansätze) haben. Beim Einkauf auf Festigkeit achten. In Kunststoffbeuteln können Kartoffeln schnell faul werden.

Kartoffeln lassen sich fast noch vielseitiger verwenden als Zucchini und Tomaten. Nur roh können sie nicht gegessen werden. Dafür schmecken sie püriert, in Scheiben geschnitten, zu Pommes frites verarbeitet, als Pellkartoffeln mit Kräuterquark, als Bratkartoffeln sowie als Beilage zu allem Möglichen und mit Gemüse in einer schier unendlichen Variationsmöglichkeit für Aufläufe und Gratins. Kartoffeln können sogar zu Puffer und Knödel sowie im Brot weiter verarbeitet werden. Es gibt wohl niemanden, der Kartoffeln nicht in irgendeiner Zubereitungsform mag. Kartoffeln haben zudem einen hohen Gehalt an Vitamin C und werden deshalb auch anerkennend als *Zitrone des Nordens* bezeichnet. Wegen ihres hohen Kaliumgehalts ist die Kartoffel bei Herz- und Nierenerkrankungen zur Entwässerung von Bedeutung. Kalium hilft, den Blutdruck in Schach zu halten. Kartoffeln sind mit Ei kombiniert eine besonders gut verdauliche Proteinquelle und daher bei Nierenkranken Bestandteil der klassischen Kartoffel-Ei-Diät. Kartoffeln haben darüber hinaus einen hohen Magnesiumgehalt. Zusammen mit der angenehm sättigenden Wirkung (ohne schwer im Magen zu liegen), sind abendliche Kartoffelmahlzeiten ein ausgezeichnetes Einschlafmittel. Kartoffeln sind, solange sie nicht zu fettigen Pommes frites oder ähnlichem verarbeitet wurden, zu unrecht als Dickmacher verschrien.

Obwohl Kartoffeln nach wie vor sehr beliebt sind, ist der Verzehr dieser gesunden Gemüsebeilage in den letzten Jahren stark zurückgegangen. Gerade mal 70 Kilogramm verzehrt der Durchschnittsbürger pro Jahr und Kopf. Vor einem halben Jahrhundert waren es noch knapp 190 Kilogramm.

Kartoffeln – ganz verspielt

Der Kartoffeldruck ist alte Spieltradition. Selbst junge Mütter und Väter von heute kennen dieses kreative Spiel meist noch aus ihrer Kinderzeit. Warum nicht einmal diese nostalgischen Erinnerungen beleben – auch im Zeitalter der *Gameboys*.

Und so wird's gemacht:

- Eine große Kartoffel halbieren und auf die Schnittfläche ein einfaches Motiv zeichnen. Geeignet sind Herz, Stern, Blatt, Dreieck und alle anderen simplen Figuren.
- Nun die Form mit einem Gemüsemesser rundherum so ausschneiden, dass nur das Motiv stehen bleibt.
- In Schälchen oder Tellern wasserlösliche Farben mischen. Pappe oder Papier bereitlegen und los geht der kreative Spaß.
- Variante für Geübte: Kartoffeldruck mit Stoffmalfarben auf naturfarbene Leinen- und Baumwollstoffe, zum Beispiel Geschirrhandtücher und Leinentaschen. Heiß überbügeln (fixieren), fertig!

Tipp: Wer im Herbst schon an Weihnachten denkt, hat später weniger Stress.

Stängelgemüse

Gemüsefenchel ist ebenso wie Stangensellerie ein Stängelgemüse. **Fenchel** besteht aus mehreren Blattschichten, die eine zwiebelförmige weißlich-grüne Knolle bilden, aus der kräftige Stängel heraus wachsen. Die Blütendolde wird erst im zweiten Jahr sichtbar. Im Kühlschrank hält sich Fenchel einige Tage. Der milde süßliche Geschmack des Fenchels erinnert an Anis oder Lakritze. Deshalb ist Fenchel nicht jedermanns Sache, obwohl Kinder ihn meist lieben. Diese Zubereitungsvariante schmeckt häufig auch Skeptikern: Vom Fenchel die harten Stängel abschneiden und den festen Strunk heraus schneiden. Die Knollen in große Stücke schneiden (vierteln oder achteln), zusammen mit Kartoffeln, Zwiebeln, Paprika und Zucchini sowie Kräutern und Salz auf einem eingefetteten Backblech circa eine halbe Stunde backen und dazu cremigen Kräuterquark reichen. Auch Fenchel enthält viel Folsäure und reichlich Magnesium sowie Kalium. Fenchelgemüse ist das ideale Schongemüse bei Magenbeschwerden und wirkt harntreibend.

Blattgemüse/Blattsalate

Spinat ist ein Blattgemüse (ebenso wie Chicoree und Mangold). Er gehört, da staunen Nichtbotaniker, in die gleiche Pflanzenfamilie wie Rote Bete, nämlich zu den Gänsefußgewächsen. Haben die beiden Gemüsesorten zwar optisch nichts gemeinsam, so doch inhaltlich. Beide sollen aufgrund ihrer Pflanzenstoffe in der Krebsprävention eine große Bedeutung haben. Spinat hat zudem einen sehr hohen Eisengehalt. Stopp? Falsch? Nein! Irgendwann hat einmal jemand ein Komma verrückt und den Spinat zur Eisenquelle ungeheuren Ausmaßes erklärt. Aber auch nach der Korrektur dieses Fehlers sind die Eisenwerte noch überragend hoch. Also: Spinat ist und bleibt gesund! Wenn Kinder Spinat nicht mögen, dann vielleicht, weil er zu lange zerkocht und mit Mehlpampe zu einem glitschig-bitteren grünen Etwas verarbeitet wurde. Frisch zubereiteter Spinat mit einem Schuss Sahne zu Eiern und Kartoffeln, das mögen die meisten Kinder. Wenn die Kleinen Spinat trotzdem verschmähen, dann akzeptieren sie oft noch die Lasagne-Variante: Spinatgemüse und Tomatengemüse abwechselnd mit einer Mehl-Sahnesauce zwischen Lasagneplatten schichten und mit geriebenem Käse überbacken.

Blattsalate (Gartensalate) wie **Eichblatt- und Eisbergsalat** oder **Lollo Rosso** sind ebenfalls Blattgemüse. Sie sind robust und lassen sich bis in den späten Herbst hinein ernten. Am besten schmecken sie frisch aus dem Garten. Im Winter auf Treibhaussalate besser verzichten, da sie dann besonders hohe Nitratgehalte haben. Die farbigen Salatsorten sind meist auch als Pflücksalate geeignet. Das bedeutet, es muss nicht der ganze Kopf geerntet werden. Es kann so viel abgenommen werden, wie gerade benötigt wird. Daher dürfen diese Sorten im eigenen Gemüsegarten auf gar keinen Fall fehlen. Pflücksalate sind aromatischer und außerdem robuster gegen Schnecken als der empfindliche grüne Kopfsalat. Salate schmecken solo oder zusammen mit anderem Saisongemüse wie Tomaten, Gurken und Zucchini.

Endiviensalat (auch **Frisée** genannt) wächst bei fast jedem Wind und Wetter. Da er leicht bitter schmeckt, rühren Kinder ihn manchmal nicht an. Besonders lecker schmeckt Endiviensalat zusammen mit frischen Orangen und eventuell mit Käsewürfeln ergänzt. Endiviensalat soll innere Hitze vertreiben und die Gemüter besänftigen. Die enthaltenen Bitterstoffe stimulieren die Verdauungssäfte.

Feldsalat (auch Ackersalat oder Rapunzel genannt) lässt sich in manchen Gegenden an geschützter Stelle sogar den ganzen Winter hindurch ernten. Feldsalat ist etwas mühselig zu putzen. Beim Einkauf daher besonders auf frische Ware achten. Er darf keine gelben Blättchen haben und sollte gleichmäßig gewachsen sein. Da Feldsalat schnell verwelkt, sollte er innerhalb von ein bis zwei Tagen gegessen werden. Mit etwas Walnussöl angemacht ist Feldsalat eine gesunde und äußerst schmackhafte Beilage in der gemüseärmeren Jahreszeit. Feldsalat schmeckt auch hervorragend als Beilage zu Käsegerichten wie zum Beispiel Käsefondue. Feldsalat ist reich an Vitamin C, Kalium und Eisen.

Die **Rauce/Rucola** fällt ein wenig aus dem Rahmen der Salate, denn sie gehört eigentlich zur Kohlfamilie und ist botanisch ein Kreuzblütler. Rauke ist ähnlich robust wie Feldsalat und kann daher bis in den Winter hinein geerntet werden. Rauce ist mit Senf und Rettich verwandt. Sie ist gerade in jüngster Zeit sehr beliebt geworden. Rucola lässt sich zu Salat und als Gemüse zum Beispiel in Aufläufen und Gratins verarbeiten.

Fruchtgemüse

Gurke, Kürbis und **Zucchini** sind Kürbisgewächse (Cucurbitaceae). Sie gehören zusammen mit den Tomaten (Solanaceae) zu den Fruchtgemüsen.

Schmorgurken und **Gewürzgurken** können noch bis lange in den Herbst hinein geerntet werden. Nur die Saison der Salatgurken verabschiedet sich meist schon Anfang September. Schmorgurken können ähnlich wie Kürbis verwendet werden. Die harten Gurkenkerne lassen sich nicht verzehren und müssen entfernt werden. Gewürzgurken werden in Essig und Salz eingelegt. Gurken schmecken erfrischend und sind kaliumreich. Gurken wirken harntreibend. Da Gurken keine extremen Temperaturen vertragen, sind sie nicht zum Einfrieren geeignet (werden matschig). Sie halten sich im Kühlschrank einige Tage.

Kürbis ist das Gemüse des Herbstes schlechthin. Seine vielen verschiedenen Farben und Formen sind ein Symbol für den bunten Herbst. Die Erntezeit beginnt im August mit den Sommerkürbissen und endet im November mit den Winterkürbissen. Wie bei den Kartoffeln auch, lassen sich die späten Sorten länger lagern als die frühen. Sommerkürbisse halten sich eine Woche im Kühlschrank, Winterkürbisse mehrere Wochen. *Sommerkürbisse* heißen zum Beispiel: Zucchini/Zucchino, Gemüsekürbis, Patisson. *Winterkürbisse* heißen zum Beispiel: Butternusskürbis, Hubbardkürbis, Moschuskürbis, Riesenkürbis. Der *Spaghettikürbis* ist weder ein Sommer- noch ein Winterkürbis. Sein Fruchtfleisch zerfällt nach dem Garen in spaghettiähnliche Stränge und ähnelt im Geschmack den Sommerkürbissen.

Das aus dem Kürbis ausgehöhlte Fleisch lässt sich vielfältig verwenden. Unsere Großeltern kannten noch unzählige Rezepte, die leider in den letzten

Jahren in Vergessenheit geraten sind. Zurzeit erleben die farbigen Herbstbegleiter jedoch ein großes Come-back. Da sind gute Rezepte gefragt. Kürbis lässt sich dämpfen oder im Ofen backen. Er kann wie panierte Schnitzel gebraten oder püriert in Cremesuppen verwendet werden. Kürbis lässt sich einlegen, milde Sorten schmecken auch als Rohkost.

Ausgehöhlt und mit einem geschnitzten Gesicht versehen, werden Kürbisse zum amerikanischen *Halloween*-Fest (in der Nacht vom 31. Oktober auf den ersten November) aufgestellt, um herumirrende Geister zu vertreiben. Im Dunkeln leuchtet eine Kerze aus dem Kürbis heraus. Die Bräuche rund um *Halloween* haben sich in den letzten Jahren auch in Deutschland immer mehr ausgebreitet. Auf den Feldern werden ausgehöhlte und mit geschnitzten Gesichtern versehene Kürbisse auch für den Bau von Vogelscheuchen verwendet. Ein Brauch, der heute leider immer seltener zu beobachten ist.

Kürbis ist ähnlich wie die Karotten reich an Beta-Carotin, was zum Beispiel für das Sehvermögen und eine schöne Haut wichtig ist.

Kürbis – ganz praktisch

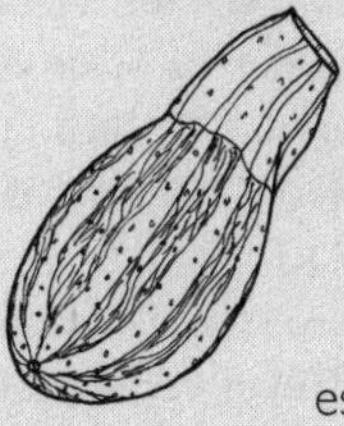

Transport und Aufbewahrung von Getränken und Flüssigkeiten haben den Menschen Kopfzerbrechen bereitet, bevor es Keramik und Glas gab. Keramik und Glas sind jedoch zerbrechlich. Traditionell gibt es daher in einigen Teilen der Welt noch heute natürliche Gefäße aus geschnitztem Holz, geknackten Kokosnüssen oder ausgehöhlten Kürbissen. Dazu werden unbeschädigte Kürbisse mit harten holzigen Schalen von ihrem Fruchtfleisch befreit und in der Sonne getrocknet. So entstehen je nach Kürbissorte Schalen, Flaschen oder Tassen. Die preiswerten und umweltfreundlichen Gefäße kommen heute noch in Teilen Afrikas, Asiens, Südamerikas und auf den Südseeinseln zum Einsatz.

Zucchini gehört zu den Sommerkürbissen. Es soll eine Zeit gegeben haben, da muteten die gurkenähnlichen Gebilde in unseren Gärten noch exotisch an. Heute wuchern Zucchini in fast allen Hausgärten. Im Spätsommer kämpfen Scharen von Köchinnen und Köchen mit einer regelrechten Zucchinischwemme. Wehe dem, der keine Zucchini mag! Da Zucchini aber leicht zuzubereiten und äußerst variabel sind, kann man ihnen fast alles antun. Sie lassen sich in Gratins und Aufläufen verarbeiten, aushöhlen und mit Schafkäse oder Grünkernschrot füllen, in Scheiben schneiden und in Panade braten, zu Salat raspeln und zu Cremesuppen verarbeiten. Zucchini schmecken mild und passen sich vielen Gerichten an. Auch Kinder haben meist an diesem vielseitigen Gemüse nichts auszusetzen. Magenempfindliche sind mit dem grünen Verwandlungskünstler ebenfalls gut bedient. Zucchini liefern zudem reichlich Kalium und, da die Schale mitgegessen wird, auch reichlich Beta-Carotin. Wer keine selbst angebaute Zucchini ernten kann und tatsächlich keinen gönnerhaften Hobbygärtner kennt, der sollte beim Kauf auf kleine feste Sorten achten. Zucchini halten sich im Gemüsefach des Kühlschranks einige Tage.

Mais gehört zur Familie der Gräser (*Graminaeae*) und ist eigentlich ein Getreide. Als Getreide findet Mais zum Beispiel in Polenta und zu Maischips oder Cornflakes verarbeitet Verwendung. Darüber hinaus hat Mais jedoch

auch eine Bedeutung als Gemüse. Mais wird dann dem Fruchtgemüse zugeordnet.
Mais wird in diesen Breitengraden überwiegend zu Futtermais angebaut, weil hier nicht genug Sonne scheint. Kleine Mengen an süßem Gemüsemais haben jedoch in der Herbstzeit (von August bis Oktober) ihre Saison. Mais schmeckt dann am besten mit Butter bestrichen und gegrillt direkt vom Kolben abgebissen. Aber auch als Salatbeilage und in Gemüsegerichten ist Mais ein leuchtend-gelber Hingucker, der aufgrund seines unaufdringlichen süßlichen Geschmacks gut mit anderem Gemüse harmoniert.

Praktisches rund um den Mais

- Zuckermais schmeckt am besten, wenn in das Kochwasser kein Salz sondern etwas Zucker und Milch gegeben wird. Kleinere Kolben darin knapp vier Minuten garen, größere etwa doppelt so lange.

- Maiskolben verlieren schnell ihr Aroma und sollten daher bis zum baldigen Verzehr im Kühlschrank aufbewahrt werden. Blanchiert (am Kolben oder ohne) lässt sich Mais auch gut einfrieren.

- Hinweis: Abgesehen davon, dass es verboten ist Mais vom Feld zu klauen, lohnt sich der Nervenkitzel nicht, da es sich hier meist um Futtermais handelt. Der ist auch nach einstündigem Garen noch steinhart und eignet sich höchstens zu Dekozwecken.

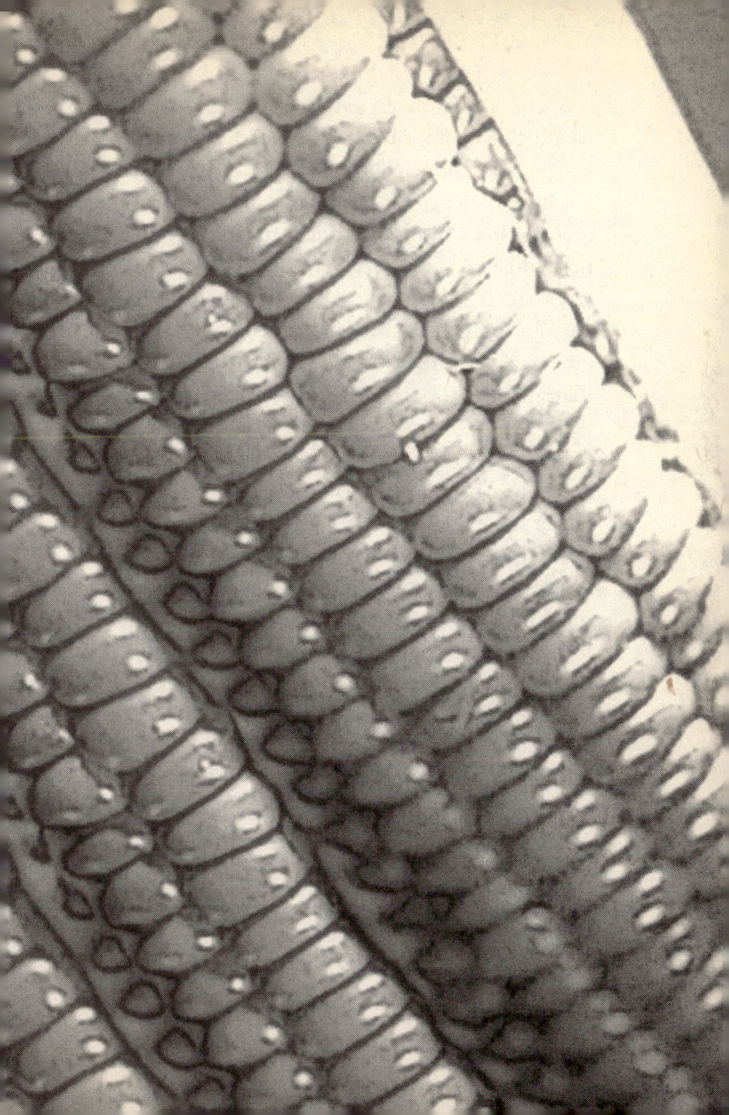

Kartoffeln und **Tomaten** scheinen auf den ersten Blick nichts gemeinsam zu haben, außer dass sie sehr beliebt sind und reichlich verzehrt werden. Botanisch gehören beide zu den Nachtschattengewächsen (*Solanaceae*), obwohl Kartoffeln zum Knollengemüse und Tomaten zum Fruchtgemüse zählen. Tomaten wachsen an Sträuchern. Es gibt die roten Früchtchen in rund tausend verschiedenen Sorten, von der großen Buschtomate bis hin zur kleinen Kirschtomate. An einer sonnenreichen Ecke im Garten kann der Hobbygärtner sich über üppige Ernte freuen, vorausgesetzt er hat die roten Früchtchen reichlich gegossen. Wassermangel verübeln sie einem mit dicker harter Schale. Wer keine Tomaten aus dem eigenen Garten ernten kann, der sollte saisonale Bio-Ware bevorzugen. Die in Supermärkten im Winter angebotenen Treibhaustomaten werden nicht umsonst als *schnittfestes Wasser* verspottet. Tomaten schmecken frisch im Salat, gegart in Aufläufen und Gratins, als Gemüsebeilage auf der Pizza, als Sauce zu Nudeln und zur Lasagne, eingelegt mit Kräutern und Schafkäse und zu vielem mehr. Vor der Verwendung in warmen Gerichten werden Tomaten normalerweise blanchiert, das heißt kurz in heißes Wasser gegeben und danach enthäutet. Der grüne Stilansatz muss entfernt werden, da er giftiges Solanin enthält. Auch Kartoffeln entwickeln bei Lichteinwirkung grüne Stellen, die Solanin enthalten, wodurch ein wenig die botanische Verwandtschaft auffällt. Im Gegensatz zu Kartoffeln können Tomaten mit grünen Stellen auf der sonnigen Fensterbank jedoch nachreifen. Ansonsten halten sich rote Tomaten knapp eine Woche im Kühlschrank. Tomaten sind reich an Vitamin C und kalorienarm.

Zwiebelgemüse

Zwiebeln und **Lauch** (Porree) gehören zu den Liliengewächsen, sind also Zwiebelgemüse. Lauchstangen sollten fest und unbeschädigt sein. Lauch muss gründlich gewaschen werden, da er meist sehr viel Sand zwischen den Blättern enthält. Dazu die dunklen Enden der Blätter kürzen und die Stangen der Länge nach einschneiden. Aus dem nun aufblätternden Lauch lässt sich der Sand unter fließendem Wasser einfach heraus spülen. Lauch schmeckt in Röllchen geschnitten und in Sahnesauce mit Käse überbacken besonders lecker zu Kartoffeln. In Suppen kommt Lauch ebenfalls als würzige Beilage zum Einsatz, ist da aber nicht jedermanns Sache. Im Kühlschrank hält sich Lauch mindestens eine Woche. Er liefert sehr viel Folsäure und ist reich an Eisen.

Bei Lauch-/Frühlingszwiebeln ist die Verwandtschaft mit dem großen Bruder Lauch auf den ersten Blick erkennbar, bei den übrigen Zwiebelsorten nur noch an den vielen Blattschichten. Es gibt große Gemüsezwiebeln, rote und weiße Zwiebeln, scharfe und milde und viele Sorten mehr. Zwiebeln lassen sich roh und gegart verzehren. Sie schmecken als Würzmittel und als Gemüsebeilage auf Quiche und in Zwiebelsuppen. Aus der deutschen Küche sind Zwiebeln nicht wegzudenken. Sie tauchen in kleinen oder großen Mengen in fast jedem Gericht auf. Die in Zwiebeln enthaltenen Pflanzenstoffe sollen besonders wirksam gegen Erkältungen helfen.

Pilze werden meist zusammen mit Gemüse erwähnt, obwohl es sich hier genau genommen nicht mehr eindeutig um ein Gemüse handelt. Pilzen fehlt das für Pflanzen typische Chlorophyll (Blattgrün). Sie enthalten aber Chitin, das sonst nur Insekten aufweisen. Pilze sind jedoch trotzdem keine Tiere, da sie sich nicht wie diese fortbewegen können. Pilze ernähren sich aber von faulenden Tier- sowie Pflanzenresten und helfen so bei der Wiederverwertung abgestorbenen Materials im Wald.

Zuchtpilze gibt es das ganze Jahr über. Bio-Pilzzüchter gibt es jedoch bisher nur wenige. Pilzsaison für Wildpilze ist im Herbst. Mit Rücksicht auf die Natur sollten Pilzfreunde nur die Pilze sammeln,

die sie wirklich kennen und den Rest stehen lassen (nicht mit dem Fuß zertreten!). Wer die Natur schont, der bleibt in direkter Nähe der Waldwege. Im tiefen Wald wird scheues Wild unnötig aufgescheucht. Wer sich mit Pilzen nicht wirklich gut auskennt, sollte sie lieber kaufen. Da Pilze unerwünschte Schadstoffe (Cadmium und Quecksilber) in hohen Mengen anreichern können, sind allzu viele Wildpilz-Mahlzeiten nicht empfehlenswert. Wildpilze können immer noch radioaktiv belastet sein (*Tschernobyl*). Trotzdem gehören gemischte Wildpilze zu einer typischen Herbstmahlzeit und sind eine willkommene Abwechslung auf dem Speiseplan. Pilze sind eiweißreich und kalorienarm. Sie sind außerdem reich an B-Vitaminen, besonders dem *Niacin*. Wildpilze müssen vor dem Verzehr unbedingt erhitzt werden, um die Gefahr einer Ansteckung mit dem gefährlichen Fuchsbandwurm zu unterbinden. Pilze dürfen nach dem Erwärmen ein zweites Mal erhitzt werden; auch wenn oft Gegenteiliges erzählt wird. Wichtig ist jedoch, sie sofort nach dem Garen kühl aufzubewahren.

Obst – *verführerische Früchtchen*

Auch mit Obst ist im Herbst der Tisch reich gedeckt. Der Vorteil von Obst: Es lässt sich meist frisch direkt aus der Hand essen und liefert daher die Vitamine ohne Zubereitungsverluste. Der Nachteil: Obst hält sich meist nicht so lange wie Gemüse. So versiegt für die meisten heimischen Früchte das Angebot spätestens mit Wintereinbruch. Manche Apfelsorten lassen sich für den Winter einlagern. Das Angebot an heimischen Lager-Birnen endet meist Anfang des neuen Jahres. Dann bleibt für eine Weile nur das heimische Schalenobst, nämlich die Nüsse. Die Natur hat das aber perfekt eingerichtet, denn Nüsse sind besonders fettreich. Wenn früher am Ende des Winters Schmalkost angesagt war, dann halfen Nüsse über diesen Engpass hinweg. Die Eichhörnchen machen das noch heute so und sammeln im Herbst ihre Nüsse. Da Obst meist über einen kürzeren Zeitraum als Gemüse seine Haupterntezeit hat, sind in der folgenden Tabelle alle Sorten aufgelistet, die mindestens für einen Monat im Herbst (meist im September) bei uns Erntesaison haben.

Obstsaison (Ernte)	Zugehörigkeit	Aug.	Sept.	Okt.	Nov.	Dez.
Äpfel	Kernobst	●	●	●		
Birnen	Kernbost	●	●	●		
Brombeeren	Beerenobst/Wildfrüchte	●	●			
Hagebutten	Wildfrüchte		●	●	●	
Holunderbeeren	Wildfrüchte		●			
Pfirsiche und Nektarinen	Steinobst	●	●			
Pflaumen/Zwetschgen	Steinobst	●	●			
Preiselbeeren	Beerenobst/Wildfrüchte	●	●			
Quitten	Kernobst		●	●	●	
Sanddorn	Wildfrüchte		●	●	●	●
Schlehen	Wildfrüchte			●	●	●
Weintrauben	Beerenobst		●	●		
Nüsse						
Haselnüsse	Schalenobst	●	●	●		
Walnüsse	Schalenobst		●	●	●	●

Kernobst

Äpfel und **Birnen** leuchten von Spätsommer bis Oktober an den Bäumen um die Wette. Ein Herbst ohne dieses vielseitige Kernobst ist undenkbar. **Äpfel** sind wohl die vielseitigste Frucht überhaupt. Es gibt eine unglaubliche Sortenvielfalt. Rund 7.500 Sorten sind mittlerweile gezüchtet worden. Es gibt süße und saure, gelbe, rote und grüne, saftige und mürbe, früh- und spätreife Äpfel, kurz alle nur denkbaren Varianten. Der Apfelbaum gedeiht am besten im gemäßigten Klima. Er übersteht Temperaturen von bis zu minus 40 Grad Celsius. Die frühen Apfelsorten reifen im Spätsommer und können nicht lange gelagert werden. Herbstäpfel hingegen sind gute Lageräpfel, die es im kühlen Keller einige Monate aushalten. Lageräpfel dürfen aber keinerlei Druckstellen haben, sonst faulen sie. Wer Äpfel aus dem eigenen Garten lagern will, muss sie daher direkt vom Baum pflücken. Am besten mit einem langen Stock, an dessen Ende ein Beutel an einem Metallring mit Zacken befestigt ist. Der Apfel fällt dann weich und ohne Druckstellen in den Beutel. So unterschiedlich wie die Äpfel selbst sind, so vielseitig lassen sie sich verwerten. Am meisten Vitamine liefern sie frisch gepflückt und sofort roh verzehrt. Äpfel sind aber auch zum Kochen und Backen geeignet. Äpfel krönen Kuchen und Torten, sie versüßen Brote und Brötchen und sie zeigen sich in delikaten Desserts sowie in Getreideaufläufen oder schmecken zu Pfannkuchen. Nach Apfelmus mit Sahne, Äpfeln in Vanillesauce oder Wein leckt sich wohl fast jeder alle zehn Finger.

Die bekanntesten Apfelsorten sind: *Boskop, Cox Orange, Golden Delicious, Elstar, Gala, Granny Smith, Ingrid Marie, Jonagold, Mcintosh* ...

Der gesundheitlichen Bedeutung der Äpfel wird in dem häufig zitierten Satz: *„An Apple a day, keeps the doctor away"* (ein Apfel pro Tag erspart den Doktor) alle Ehre gereicht.

Birnen sind wie Äpfel Rosengewächse *(Rosaceae)*. Die *Williams-Christ*-Birne ist wohl eine der bekanntesten Birnen, kein Wunder, denn sie ist besonders schön, von edlem Wuchs und sehr schmackhaft. Aber auch die *Packham*-Birne muss sich nicht dahinter verstecken, denn sie ist ebenso schön gewachsen und sehr süß. Das berühmteste Birnendessert ist sicher die *„Birne Helene"*, in Vanillezucker-Wasser gegarte Birnen mit Schokoladensauce. Birnen liefern wie Äpfel reichlich gut verdauliche Kohlenhydrate sowie verdauungsfördernde Ballaststoffe und eine dicke Portion Vitamin C.

Auch **Quitten** gehören zum Kernobst und sind Rosengewächse. In den Gärten fristen sie hier zu Lande häufig ein verkanntes Dasein als Zierquitte. Dabei sind die säuerlichen Früchtchen gekocht sehr schmackhaft. Sie lassen sich zusammen mit Äpfeln oder Birnen zu äußerst leckeren Fruchtaufstrichen verarbeiten, da sie hervorragende Geliereigenschaften haben. Ansonsten lassen sie sich im Brot zu Quittenbrot verarbeiten (ähnlich wie Kürbis in Kürbiskuchen). Unbeschädigte Quitten halten sich im Kühlschrank einige Wochen. Quitten sind reich an Vitamin C und fördern die Verdauung. Quitten einfach wie Äpfel schälen und das Kerngehäuse herausschneiden. Quitten können wegen ihres hohen Gehaltes an Bitterstoffen (Tannin) nicht roh gegessen werden.
Das enthaltene Pektin ist verantwortlich für die gute Gelierfähigkeit der Früchte. Quitten können bei Zimmertemperatur nachreifen. Unbeschädigte Früchte halten sich im Kühlschrank einzeln in Papier eingewickelt einige Wochen.

Steinobst

ist zum Teil schon im August abgeerntet. Die Kirschsaison ist vorbei. Aber die **Pflaumen**- und **Zwetschgen**ernte zieht sich bis in den gesamten September hinein. Zu den Pflaumen *(Rosaceae)* gehören in Farbe, Größe und Form recht unterschiedliche Früchte. Die Hauspflaumen und Zwetschgen (auch Zwetschen geschrieben) sind blauviolett. Pflaumen sind eher rundlich und haben eine ausgeprägte Bauchnaht. Zwetschgen sind länglicher und haben spitze Enden. Zwischen beiden Arten gibt es diverse Kreuzungen, so dass eine Unterscheidung oft nicht eindeutig möglich ist. Pflaumen lösen sich oft nicht leicht vom Kern und lassen sich deshalb nicht so gut einmachen oder auf dem Kuchen verwenden. Im Handel gibt es außerhalb der Pflaumenzeit meist in Zucker eingemachte oder getrocknete Früchte sowie Pflaumenmus. Pflaumenkonfitüre wird so gut wie nie angeboten. Es lohnt sich aber, dies einmal selbst zu probieren, denn sie schmeckt vorzüglich. Dazu die Pflaumen entkernen, in Stücke schneiden und zusammen mit gelierfähigem Zucker 10 bis 15 Minuten zu Konfitüre kochen. Mit Zimt abschmecken. Einen Tropfen Rum ins Glas geben, Konfitüre einfüllen und das zugeschraubte Glas auf dem Kopf herum abkühlen lassen. Den Fruchtauf-

strich innerhalb eines Jahres aufbrauchen, denn frisch schmeckt Pflaumenkonfitüre am besten.
Zu den Pflaumen gehören außerdem die großen, meist gelben Renekloden und die davon abstammenden Eierpflaumen sowie die kleineren Mirabellen. Auch die kleinen schwarzblauen Schlehen sind eine wilde Pflaumenart. Da Schlehen jedoch nicht in unseren Gärten kultiviert wurden, zählen sie zu den Wilfrüchten.
Das wichtigste Qualitätsmerkmal bei Pflaumen ist die Wurmfreiheit. Leider gibt es immer wieder Jahre, in denen sich nur die Würmer über die Pflaumenernte freuen. Beim Kauf im Zweifel mal eine Pflaume aufschneiden lassen. Pflaumen, besonders getrocknete, sind für ihre abführende Wirkung bekannt. Sie enthalten aber auch außerdem sehr viel Vitamin C.

Pfirsiche und **Nektarinen** (ebenfalls Rosengewächse) haben Erntesaison hauptsächlich von August bis September. Der Unterschied zwischen den beiden Früchtchen besteht in der Haut. Pfirsiche haben eine samtig-haarige Haut, während Nektarinen so glatt wie ein Apfel sind. Die Hauptware kommt aus Italien. Bei uns wachsen die Früchte nur an geschützten sonnigen Plätzen. Pfirsiche und Nektarinen schmecken frisch schön fruchtig-aromatisch. Sollen Pfirsiche zu anderen Zwecken weiter verwendet werden, ist es empfehlenswert, die Früchte kurz in heißem Wasser zu blanchieren und die pelzige Haut danach abzuziehen. Da Pfirsiche und Nektarinen leicht verderben, werden sie meist kurz vor der Vollreife geerntet, wenn sie noch sehr fest sind. Nicht empfehlenswert sind unreife grüne Früchte. Reife Früchte möglichst bald verzehren und nicht zu eng beieinander liegen lassen, da sich leicht Schimmel an den Berührungsstellen bildet. Pfirsiche und Nektarinen sind kaliumreich. Sie zählen neben den Aprikosen auch zu den Früchten mit einem relativ hohen Gehalt an Beta-Carotin.

Beerenobst

Für das meiste Beerenobst wie Heidel- und Himbeeren sowie Johannisbeeren und Stachelbeeren endet die heimische Erntesaison spätestens im August. Aber **Brombeeren** (auch *Kroatzbeeren* genannt) und **Preiselbeeren** gibt es auch noch im September. Brombeeren (*Rosaceaen*) sind sehr empfindlich und vertragen weder Wärme noch Druck. Sie schimmeln schnell oder bluten aus. Daher die Beeren am besten frisch vom Strauch oder sofort aus der Schüssel essen. Brom-

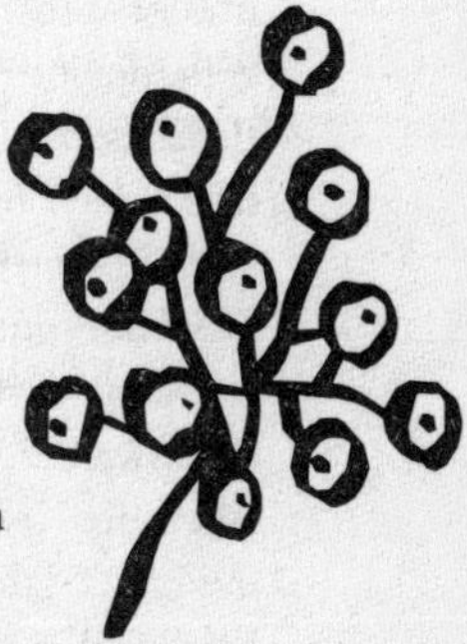

beeren schmecken hervorragend in Joghurt oder Milch. Sie dienen als Belag auf Crêpes oder werden zu aromatischer Konfitüre verarbeitet. Tipp: Brombeeren roh durch ein feines Sieb streichen, mit etwas festem Honig abschmecken und als frischen Brotaufstrich sofort verzehren. Zusammen mit geschlagener Sahne lässt sich auch cremig-fruchtiges Eis daraus bereiten.

Preiselbeeren *(Ericaceae)* sind ein Heidegewächs. Sie gehören zur gleichen Pflanzenfamilie wie Heidelbeeren und das Heidekraut (*Erika*). Preiselbeeren (auch *Cranberry* oder *Kronsbeeren* genannt) wachsen an niedrigen Büschen. Die kleinen Beeren sind erst hellgrün und in reifem Zustand leuchtend rot. Wegen ihres hohen Säuregehalts schmecken sie nur gekocht und gesüßt. Preiselbeeren werden gerne zu Wildgerichten oder überbackenem Camembert gereicht. Preiselbeeren lassen sich gut einfrieren (gewaschen und ohne Zugabe von Zucker). Die kleinen Früchte enthalten viel Vitamin C. Als Saft wirken die Beeren besonders gut gegen Blasenentzündungen. Täglich ein Schnapsgläschen konzentrierter Saft soll den Beschwerden wirksam vorbeugen.

Auch die Kiwis gehören zum Beerenobst. Sie haben das ganze Jahr über Saison – als Importware. Da sie bei uns nicht wachsen, sollen sie hier nicht näher erwähnt werden.

Weintrauben (Tafeltrauben) sind das typische Obst des Herbstes. Trauben *(Vitaceae)* gehören ebenfalls zum Beerenobst. Neben den reichlich Trauben tragenden Sorten gibt es auch wilden Wein, der besonders kletterfreudig ist. Die Pflanzen entwickeln Ranken, mit denen sie sich festklammern und ganze Häuser begrünen können. Viele Weintrauben haben eine große Bedeutung im Weinbau.

Zu den bekanntesten weißen Rebsorten gehören: *Chardonnay, Grauburgunder, Moscato, Riesling, Trebbiano* und *Sauvignon*. Zu den bekanntesten roten Rebsorten gehören: *Cabernet Sauvignon, Merlot, Lambrusco, Barbera,* und *Pinot Nero*. Weine aus diesen und anderen Rebsorten findet man auch in Bioqualität. (*Mehr dazu im Buch „Bio-Wein", herausgegeben von „Schrot & Korn"; erhältlich im Naturkostladen.)*

In getrocknetem Zustand werden Trauben *Weinbeeren*, *Rosinen* oder *Korinthen* genannt. Korinthen sind klein, schwarz und kernlos. Der Name geht auf die griechische Stadt Korinth zurück. Rosinen sind größer als Korinthen, bernsteinfarben und haben meist winzige Samenkerne, *Sultaninen* (Rosinen im engeren Sinne) sind kernlos. Damit

Trockenfrüchte ihre Farbe behalten, werden sie gerne geschwefelt. Im Naturkostladen gibt es ungeschwefelte Trockenfrüchte. Die etwas matte oder leicht graue Farbe dieser Trockenfrüchte ist also eher ein Qualitätsmerkmal!
Tafeltrauben schmecken am besten frisch von der Rebe. Es gibt rote und weiße, kernlose und kernhaltige sowie sehr süße und säuerlich-aromatische Sorten. Da die Sorten recht unterschiedlich ausfallen, am besten vor dem Kauf probieren! Im Kühlschrank halten sich Weintrauben einige Tage. Aus Trauben lässt sich Saft und sogar Konfitüre bereiten. Weintrauben schmecken auch in Obstdesserts, auf Torten oder in Wein-Schaumcremes. Weintrauben sind anfällig für Schädlinge. Konventionelle Ware ist mit hoher Sicherheit mit irgendwelchen Mitteln dagegen bespritzt. Bio-Ware ist ungespritzt und sollte daher bevorzugt werden.

Wildfrüchte

Die Einordnung mancher Obstsorten zu den Wildfrüchten ist nicht immer eindeutig möglich. Brombeeren und Preiselbeeren gibt es zum Beispiel kultiviert in Hausgärten und ebenso lecker wild wachsend an Wegesrändern oder unter Waldlichtungen. **Hagebutten, Holunderbeeren, Sanddorn** und **Schlehen** wachsen überwiegend wild und

werden daher zu den Wildfrüchten gezählt. **Schlehen** brauchen vor der Ernte Frost. Die übrigen Wildfrüchte können im September geerntet werden. Aus Hagebutten und Holunderbeeren (auch Fliederbeeren genannt) lässt sich Konfitüre bereiten. Hagebuttenaufstrich gibt es auch zu kaufen. Heißer Holunderbeersaft ist im Winter besonders bei Kindern ein beliebtes Hausmittel gegen Erkältungen. Schlehen haben einen hohen Anteil an Bitterstoffen. In Alkohol aufgegossen ergeben sie einen Anti-Erkältungstrunk für Erwachsene. Hagebutten und Sanddorn haben einen besonders hohen Gehalt an Vitamin C. Hagebuttenaufstrich und Sanddornsaft sind daher im Winter sehr empfehlenswert.

Rücksicht nehmen – Pflanzen schützen!

Um die Natur zu schützen und zu schonen sollte jeder, der wilde Früchte oder Beeren sammelt, so behutsam wie möglich vorgehen. Keine Äste abbrechen oder Sträucher zertreten! Forstbehörden und Gemeindeverwaltungen (Kreis- oder Stadtverwaltung) geben Auskunft, welche Wildfrüchte wo gesammelt werden dürfen.

Schalenobst

Zum Schalenobst gehören die **Nüsse**. Es handelt sich hier um die essbaren Samen von Früchten. Nüsse gehören den unterschiedlichsten Pflanzenfamilien an. Im Gegensatz zu anderen Obstarten sind Nüsse nicht fruchtig-saftig sondern trocken-hart und sehr energiereich. Nüsse werden zwar im Herbst geerntet, müssen aber meist bis zum Spätherbst/ Winteranfang trocknen, bevor sie schmecken. Hier sollen nur die heimischen Sorten beschrieben werden.

Hasel- und Walnüsse müssen vor dem Verzehr an einem luftigen Plätzchen trocknen. In der Adventszeit und um Weihnachten ist der ideale Zeitpunkt zum Verzehr gekommen. Lagern die Nüsse nicht trocken genug, so verschimmeln sie. Schimmel an Nüssen ist wegen möglicher giftiger Aflatoxine (Schimmelpilz-Gifte) extrem gesundheitsschädlich. Daher muffig riechende, bitter oder ranzig schmeckende Nüsse sofort wegschmeißen. Schmeckt eine Nuss schlecht, diese sofort ausspucken und nicht herunterschlucken.

Haselnüsse werden im Herbst geerntet. Bei Kühllagerung (minus drei bis null Grad Celsius) sind Haselnüsse bis zur nächsten Nussernte haltbar. Geröstete Haselnüsse schmecken besonders aromatisch. Haselnüsse sind sehr fett- und eiweißreich.

Sie sind aufgrund ihrer Fettsäuren-Zusammensetzung leichter verdaulich als Walnüsse.

Die **Walnuss**-Ernte zieht sich über den gesamten Herbst bis zum Winteranfang hin. Das ist praktisch so, denn Walnüsse werden relativ schnell ranzig oder verschimmeln. Sie sind im getrockneten Zustand im Haushalt zwei Monate lagerfähig, bei Temperaturen um Null Grad oder tiefgefroren halten sie sich länger. Walnüsse sind sehr fettreich, wobei der Gehalt an lebenswichtigen (essentiellen) Fettsäuren 70 Prozent beträgt. Gehackte Walnüsse sind daher eine gesunde Beigabe auf Rohkostsalaten.

■ Vorratshaltung

Von Spätsommer bis Herbst ist Ernte- und Einmachzeit. Was nicht baldigst verzehrt werden kann, muss für den Winter lagerfähig gemacht werden. Manche Kartoffeln und Äpfel lassen sich den ganzen Winter hindurch im kühlen Keller lagern. Birnen halten meist bis Januar noch durch. Möhren und Rote Bete sind im Sandbett ebenfalls für viele Wochen gut aufgehoben. Was sich nicht so lagern lässt, muss anderweitig haltbar gemacht werden. Zu den altbekannten Methoden wie Einkochen, Einlegen und Trocknen ist mit der Erfindung der Tiefkühltruhe eine weitere Methode der Haltbarmachung hinzugekommen. Alle Methoden haben Vor- und Nachteile. Es gilt, individuell abzuwägen und das am besten passende Verfahren auszuwählen.

Trocknen – *so wird's aromatisch*

Obst und Gemüse sowie Pilze und Kräuter lassen sich einfach trocknen. Dazu alles sorgfältig waschen, putzen und gegebenenfalls in sehr feine Streifen schneiden. Kleine Scheibchen oder Streifen von Obst und Gemüse lassen sich auf dem Backblech, großflächige auf dem Rost im Backofen trocknen. Den Ofen auf 50 bis 70 Grad Celsius stellen und alles bei leicht geöffneter Klappe (am besten einen Holzlöffel zwischen die Tür klemmen)

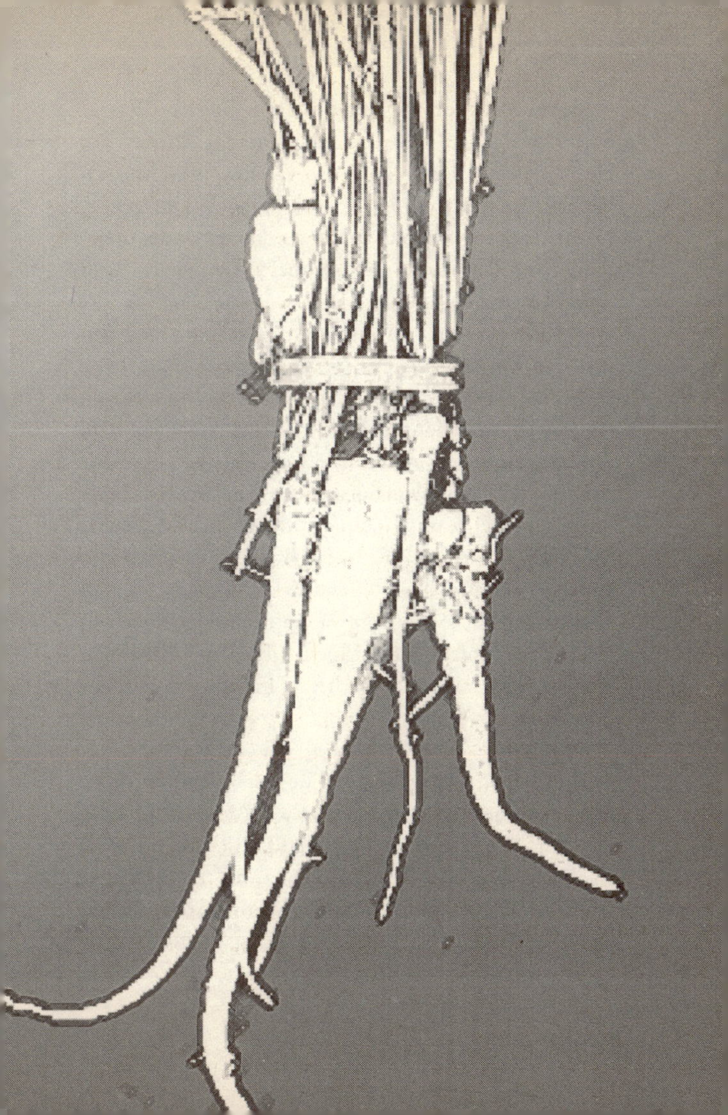

mehrere Stunden so lange dörren, bis das Wasser entwichen ist. Besonders gut geht das Dörren im Heißluftofen. Hier kann die Ofentür geschlossen bleiben. Im Handel gibt es auch spezielle Dörrgeräte. Darin trocknet alles auf mehreren übereinander angebrachten Gitterrosten bei optimaler Temperatur und Durchlüftung.

Die gedörrten Scheibchen müssen meist (z.B. bei Pilzen und Äpfeln) so trocken sein, dass sie auf Druck zerbröseln oder knackend brechen. Gut trocknen lassen sich zum Beispiel Äpfel, Birnen und Pflaumen. Sonnengereifte Tomaten und Peperoni behalten ihr Aroma. Sie bekommen sogar noch eine würzige Note hinzu. Auch Pilze und Kräuter gewinnen meist durch das Trocknen an Aroma. Pflaumen, Trauben, Tomaten und Peperoni schrumpeln während des Trocknens, werden aber lange nicht so steinhart wie Apfelscheiben. Zwiebeln lassen sich ebenfalls gut trocknen, Erbsen und Palbohnen ebenso. Hülsenfrüchte müssen nicht vorher klein geschnitten werden und sind getrocknet besonders gut lagerfähig.

Hülsenfrüchte trocknen am besten ausgebreitet an einem warmen, schattigen Plätzchen. Aromatische Pilze wie Pfifferlinge und Steinpilze lassen sich sehr gut im Backofen oder auf einem Holzbrett auf der Heizung trocknen. Darauf achten, dass kein Wurm mehr enthalten ist. Überlebt er den Trocknungsvorgang, so frisst er sich

später durch die getrockneten Pilze und zurück bleiben ein paar staubige Krümelchen.
Tomaten und Peperoni können im Sommer auch energiefrei in der Sonne trocknen.

Getrocknetes: Obst, Gemüse, Pilze und Hülsenfrüchte – küchentechnisch

- Getrocknete Äpfel schmecken so wie sie sind: pur! Getrocknete Früchte ansonsten in Wasser einweichen und dann klein schneiden. So kommen die Trockenfrüchte in Müsli, Dessert und Gebäck zum Einsatz

- Tomaten und Peperoni nach dem Trocknen am besten zusätzlich in Kräuteröl einlegen. Klein geschnitten schmecken sie dann hervorragend auf Vollkornbrot.

- Pilze in warmem Wasser einweichen und das Einweichwasser mit verwenden, zum Beispiel in Suppen und Saucen.

- Hülsenfrüchte am besten über Nacht einweichen. Die Kochzeit verringert sich dadurch erheblich.

Traditionell werden Kräuter nur bis zu *Mariä Himmelfahrt* am 15. August getrocknet, da sie dann die größte Heilkraft besitzen sollen. Das bedeutet aber nicht, dass spätere Ernten geschmack- oder wirkungslos sind. Kräuter am besten am frühen Morgen ernten, bei Bedarf waschen und das Wasser kräftig abschütteln. Blätter von Salbei oder Basilikum abzupfen und zum Trocknen ausbreiten. Andere Kräuter wie Thymian oder Oregano zu Sträußchen zusammenbinden und kopfüber zum Trocknen an einen trockenen und warmen Ort hängen (im Schatten!) oder neben dem Kamin aufhängen.

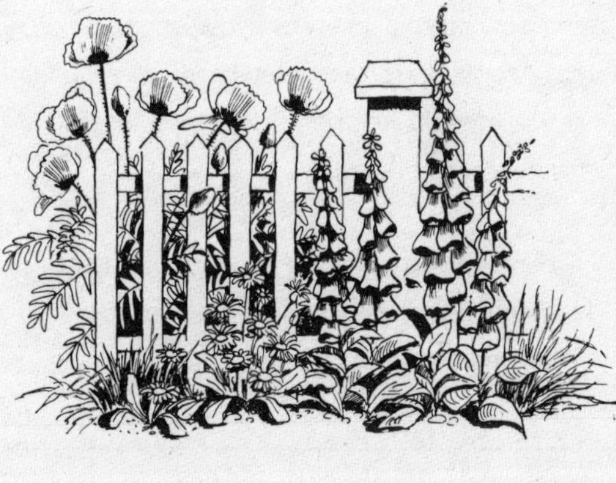

Getrocknete Kräuter – küchentechnisch

- Kräuter werden durch das Trocknen meist noch aromatischer.

- Je feiner die Kräuter im späteren Essen sind, desto angenehmer sind sie im Verzehr. Grobe Stücke können sich zwischen den Zähnen festsetzen und sollten deshalb vermieden werden.

- Entweder: Die Kräuter zwischen den Händen zerreiben, damit sie etwas feiner sind und das Aroma besser austreten kann. Ein Teelöffel getrocknete Kräuter ersetzt so einen Esslöffel frisch gehackte Kräuter.

- Oder: Die getrockneten Kräuter im Mörser zermahlen. Dann reicht eine Messerspitze zum Würzen.

Über dem Kamin lassen sich auch gut an einem Bindfaden aufgereihte Pilz- und Apfelscheiben sowie Peperoni trocknen. Ein guter Platz, um im Spätherbst oder Winter nebenbei etwas zu dörren, ist auch ein Kachelofen.

Getrocknetes am besten in einem dunklen und dichten Schraubglas verwahren.
Tomaten und Peperoni können zusätzlich in Kräuter und Öl eingelegt werden.

Einfrieren – *praktisch und schonend*

Das Einfrieren bietet enorme Vorteile. Obst und Gemüse müssen kaum weiterverarbeitet werden. Meist genügen gründliches Waschen und sorgfältiges Putzen. Mineralstoffe gehen dabei so gut wie gar nicht verloren und die empfindlichen Vitamine werden bestmöglich geschont. Aber Einfrieren hat nicht nur Vorteile. Tiefkühltruhen benötigen viel Strom und sind teuer in der Anschaffung. Außerdem muss der riesige Kasten irgendwo stehen. Die winzigen Keller, die heutzutage üblicherweise zu den Wohnungen dazu gehören, reichen dafür meist nicht aus. Alternativen sind kleinere Geräte, die noch irgendwo auf einem niedrigen Küchenschrank oder auf dem Kühlschrank Platz finden. Es gibt auch Kühlschrank-Tiefkühl-Kombigeräte, in denen sich größere Mengen einfrieren lassen. Hier vor allem auf den Stromverbrauch achten. Geräte, die in Klasse A eingestuft sind, verbrauchen am wenigsten Strom.

Zum Einfrieren ungeeignetes Gemüse sind Blattsalate, Radieschen, Rettiche, Kresse, roher Knoblauch, rohe Tomaten. Ungeeignetes Obst sind Weintrauben und Bananen. Erdbeeren lassen sich zwar einfrieren, sind aber nach dem Auftauen meist sehr matschig. Tipp: Gemüse vor dem Einfrieren kurz in kochendem Wasser blanchieren, aber nicht garen. Das Erhitzen zerstört zwar einen Teil der Vitamine, aber auch unerwünschte

Enzyme, die den Verderb vorantreiben. Auch Äpfel und Birnen vor dem Einfrieren am besten kurz blanchieren. Das erhöht die Haltbarkeit. Geschmack und Farbe bleiben weitgehend erhalten, wenn schockartig heruntergekühlt wird. Also am besten die Truhe anfangs ein paar Grad niedriger einstellen.
Das vorbereitete Obst und Gemüse in speziell dafür vorgesehene Tüten oder Gefäße so luftdicht wie möglich verpacken. Tiefgefrorenes hält sich im Drei- bis Vier-Sterne-Fach oder in der Tiefkühltruhe (bei minus 18 Grad Celsius) sechs bis 12 Monate. Tiefgefrieren verkürzt die Garzeiten um rund 30 Prozent, da durch das Gefrieren Proteine und Zellulose aufgeschlossen werden. Bei Hülsenfrüchten und Pilzen wird dadurch zudem die Bekömmlichkeit erhöht.

Einlegen – *milchsauer oder in Öl*

Gemüse lässt sich auch wunderbar einlegen. Zum einen gibt es die Methode des milchsauren Einmachens im gemüseeigenen Saft, eventuell unter Zugabe von Salzwasser. Sauerkraut zum Beispiel wird so hergestellt. Auch Gemüse kann als Mixed Pickles so eingelegt werden. Zum anderen gibt es noch die Möglichkeit, getrocknetes Gemüse wie Oliven, Peperoni und Tomaten sowie frische Cocktailtomaten und kleine Champignons in Öl und

Kräutern einzulegen. Je nach Vorlieben kann man das Eingelegte noch mit etwas mildem Essig abschmecken. Wichtig ist, dass alles mit dem Öl vollständig bedeckt ist. Tipp: Als geschmackliche Variante kleine Stückchen Schafkäse oder Mozzarella-Kügelchen hinzugeben.

Der Vorteil im milchsauer Eingelegten besteht in der Schonung der Vitamine. Durch den Gärprozess kommen sogar noch Vitamine hinzu, zum Beispiel das wichtige Vitamin B_{12}, das sonst nur in tierischen Produkten wie Fleisch, Milch und Eiern vorkommt. Milchsaures Gemüse ist außerdem gesund für den Darm.

Für den Anfang am besten mit kleinen Mengen üben. Hierzu genügen große Einmachgläser mit Gummiring und Klammer oder andere große Gläser mit Schraubverschluss. Dazu das Gemüse zusammen mit den Gewürzen in ein großes Einmachglas schichten. Sauerkraut schichtweise einfüllen, fest stampfen bis Flüssigkeit austritt und dann die nächste Schicht einfüllen. Das Gemüse muss vollständig mit Flüssigkeit bedeckt sein. Daher gegebenenfalls alles mit Salzwasser übergießen. Die Gärung kann mit einem halben Tässchen Sauerkrautsaft beschleunigt werden. Auch ein Teelöffel Milchzucker ist sehr hilfreich. Das Gefäß nicht zu fest verschließen und circa eine Woche vor Licht geschützt (z.B. ein Küchenhandtuch darüber decken) bei Zimmertemperatur gären lassen. Eventuell zwischendurch noch etwas Wasser nachfüllen. Der Gärvorgang muss durch kleine

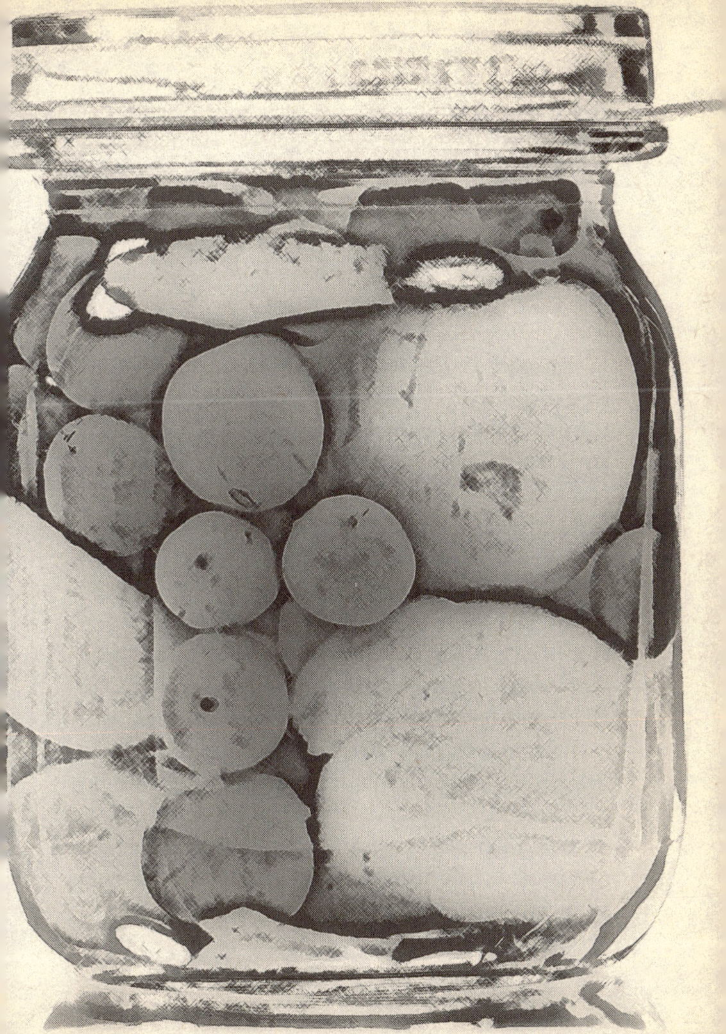

Bitzelbläschen erkennbar sein. Nun das Gefäß fest verschließen und für einige Wochen in den kühlen und dunklen Keller stellen. Das Gemüse reift nun nach. Sauerkraut hält sich sehr lange, Wirsinggemüse wird nach einigen Wochen weich. Auch Rotkraut, Rote Bete und Möhren sowie Paprika und Zwiebeln sind geeignete Gemüse.

Milchsäurebakterien können ihre Arbeit am besten machen, wenn sie ungespritztes Bio-Gemüse vorfinden. In behandeltem Gemüse können sich die erwünschten Bakterien unter Umständen nicht ausbreiten und die Gärung kommt nicht in Gange. Im Handel gibt es auch komfortable spezielle Gärtöpfe, die für größere Mengen ideal sind.

Einkochen/Einmachen – *fast alles ist möglich*

Wer einen eigenen Garten hat, der gerät von Spätsommer bis Herbst schon mal in Hektik. Die Natur serviert Obst und Gemüse nicht häppchenweise. Wenn eine Frucht reif ist, dann müssen meist gleich riesige Mengen verarbeitet werden. Da hängen auf einmal mehrere Kilo reife Äpfel und Birnen an den Bäumen. Dem Hobbygärtner wachsen die Bohnen im wahrsten Sinne des Wortes über den Kopf und fast über Nacht sind schon wieder mehrere Zucchini zu dicken Keulen herangewachsen. Die Tiefkühltruhe lässt sich kaum noch schließen. Und die Familie stöhnt: „Schon wieder Apfelkompott, Zucchinigratin ... „ Da hilft nur noch das Verarbeiten zu Konfitüren und Säften oder das Einkochen von Gemüse in großen Gläsern. Wer so etwas nicht wenigstens einmal irgendwo gelernt oder gesehen hat, der hat meist einen heiden Respekt davor. Alle möglichen Geschichten ranken sich um die Geheimnisse, warum Einmachgläser wieder aufgehen und alles verdirbt oder ein anderes Mal alles perfekt verpackt ist und bleibt. Die wichtigste Regel lautet hier: Sauberkeit!

Gläser, Deckel und Gummiringe mit kochendem Wasser spülen und auf fusselfreien Geschirr-Handtüchern abtropfen lassen. Die Handtücher sollten aus der Kochwäsche kommen; eventuell noch einmal kurz heiß überbügeln. Obst und Gemüse muss gründlich geputzt sein. Es darf keine faule Stelle mehr zu finden sein.

Wird Konfitüre oder Obstmus zubereitet, so sollte alles mindestens fünf Minuten kochen, bevor es in die Gläser abgefüllt wird. Niemals mit einem benutzten Probierlöffel an die Marmelade gehen. Werden noch einmal Früchte nachgelegt, dann muss alles erneut gründlich aufkochen. Die Konfitüre oder Marmelade am besten mit einem Trichter randhoch einfüllen. Sofort den Deckel aufschrauben und das Glas auf den Kopf stellen. Mit dieser Methode lassen sich auch relativ zuckerarme Fruchtaufstriche herstellen. Als Geliermittel eignen sich

dann das aus Algen gewonnene Agar-Agar sowie Fruchtgel oder Konfigel, die Pektine aus Früchten enthalten. Die alternativen Gelierhilfen gibt es im Naturkostladen. Gläser nach dem Öffnen im Kühlschrank aufbewahren und innerhalb einer Woche aufbrauchen.
Obst oder Gemüse steril einkochen ist ebenfalls nicht schwierig. Sauberes, geputztes (entsteintes) Obst mit Honig oder Zucker nach Belieben süßen, Gewürze und Flüssigkeit zugeben. An Gemüse Salz und Gewürze geben. Alles so vorbereiten, wie es später schmecken soll. Die Flüssigkeit bis fast an den Glasrand der Einmachgläser auffüllen. Gummiring und Deckel auflegen und die Gläser mit Einmachklammern verschließen. In einem großen Topf lässt sich alles einkochen. Dafür gibt es auch spezielle Töpfe mit einem Metalleinsatz, in den die Gläser gestellt werden. Einkochen ist auch im Dampfdrucktopf oder im Backofen möglich. Die Zeiten variieren je nach Methode erheblich. Im Dampfdrucktopf dauert das Einkochen zwischen 10 Minuten und einer halben Stunde, im Einmachtopf rund eine Stunde und im Backofen doppelt so lange.
Besondere Vorsicht gilt bei Bohnen und anderem für Botulismuskeime anfälligem, säurearmem Gemüse. Hier am besten zweimal einkochen. Dazu alles abkühlen lassen und den Einkochvorgang nach ein oder zwei Tagen wiederholen. So ist wirklich alles steril. Botulismus-Erreger breiten sich fatalerweise nur aus, wo es keinen

Sauerstoff und wenig Säure gibt. Tomaten, Konfitüren und milchsauer eingelegtes Gemüse bleiben verschont.
Ob alles dicht verschlossen eingekocht ist, lässt sich nach dem Erkalten überprüfen. Dazu die Einmachklammern lösen und das Glas am Deckel heben. Bleibt der Deckel fest am Gummiring haften, so ist das Einkochen gelungen.
Der Nachteil des Einkochens besteht in der Zerstörung hitzeempfindlicher Vitamine. Konfitüre ist daher kein Ersatz für frisches Obst. Gemüse sollte bevorzugt milchsauer eingelegt werden. Mineralstoffe und Spurenelemente sowie Ballaststoffe bleiben jedoch beim Erhitzen erhalten. Kompott und eingemachtes Gemüse sind daher im Winter trotzdem noch eine akzeptable Ergänzung des Speiseplanes.
Um der Flut an Obst während der Erntezeit zu begegnen, gibt es auch vitaminschonende Zubereitungsmöglichkeiten, allerdings mit rasantem Verfallsdatum. Zum Beispiel lassen sich Fruchtaufstriche kalt herstellen. Dazu einfach das Obst pürieren und nach Belieben mit festem Honig süßen. Oder frische Säfte pressen. Die Aufstriche und Säfte im Kühlschrank aufheben und innerhalb von ein bis zwei Tagen verbrauchen.

Rezepte

Vorspeisen, Suppen und Salate

Endiviensalat

Zutaten für 4 Personen

1 Endiviensalat (Eskariol)
2 rote Äpfel
Saft von einer halben Zitrone
1 kleines Stück Meerrettich
150 ml Sahne
1/2 Bund Pimpinella
einige Blättchen Zitronenmelisse
2 EL gehackte Walnusskerne

Zubereitung

Vom Endiviensalat das Strunkende abschneiden und die äußeren Blätter entfernen. Die übrigen Blätter abtrennen, gründlich waschen, trocken schleudern und in sehr feine Streifen schneiden.
Die Äpfel waschen, das Kerngehäuse entfernen und die Äpfel mitsamt Schale reiben. Sofort mit Zitronensaft überträufeln.
Den Meerrettich waschen, putzen und sehr fein reiben. Zu den Äpfeln geben.
Die Sahne halbsteif schlagen und zu den Äpfeln geben.
Die Kräuter waschen, trocken schleudern und fein hacken. Zur Apfel-Sahnesauce geben. Die gehackten Walnusskerne ebenfalls zugeben. Die Sauce unter den Endiviensalat mischen und den Salat sofort servieren.

Zubereitungszeit: ca. 30–40 Minuten

Tipp: Dazu passt frisches Vollkornbaguette mit Butter.

Ernte-Salat

Zutaten für 4 Personen

Salat

500 g Fleischtomaten
1–2 Hand voll Portulak (Postelein)
1 große Birne
1 Apfel (am besten säuerlich)
2 grüne Paprika
1 Zwiebel

Dressing

1 EL Zitronensaft (oder Obstessig)
4 EL Olivenöl
Meersalz
3 EL Walnüsse

Zubereitung

Salat

Die Tomaten waschen, putzen und achteln. Den Portulak waschen und abtrocknen oder abtropfen lassen.
Die Birne und den Apfel waschen und putzen. Anschließend vierteln, das Kerngehäuse entfernen und in ca. 1cm dicke Scheiben schneiden.
Paprika waschen, putzen und würfeln. Die Zwiebel schälen und in Streifen schneiden.
Alle Zutaten in eine Schüssel geben und gründlich mischen.

Dressing

Öl und Zitronensaft verrühren, mit Salz abschmecken. Dressing über den Salat geben. Die Nüsse darüber streuen und den Salat sofort servieren.

Zubereitungszeit: ca. 30 Minuten

■ Rote-Betesalat mit Orangen

Zutaten für 6–8 Personen

7 Rote Bete-Rüben
2 Orangen
4 EL Sonnenblumenöl
1 Msp. Vanillemark
4 EL gehackte Walnusskerne

Zubereitung

Die Rote Bete waschen, schälen und fein raspeln.
Die Orangen schälen und klein schneiden.
Die geraspelte Rote Bete mit den Orangenstückchen sowie den übrigen Zutaten mischen und die Rohkost sofort servieren.

Zubereitungszeit: ca. 30 Minuten

Kürbis-Cremesuppe

Zutaten für 4 Personen

700 g Hokkaido-Kürbis
200 g Petersilienwurzel
1–2 Zwiebeln
2 Knoblauchzehen
2 EL Butter
1 TL gekörnte Gemüsebrühe
Meersalz und Pfeffer
4 EL süße Sahne
2 EL Kürbiskerne

Zubereitung

Das Fruchtfleisch und die Kerne herauslösen. Das Kürbisfleisch raspeln, die Kerne aufheben.
Die Petersilienwurzel schälen und fein würfeln. Zwiebel(n) und Knoblauchzehen abziehen und ebenfalls fein würfeln.
In einem Topf Zwiebeln und Knoblauch in der Butter kurz andünsten. Kürbisfleisch und Petersilienwurzel dazugeben. Anderthalb Liter Wasser zugießen und die Suppe zugedeckt etwa 15 Minuten köcheln lassen.
Gemüsebrühe, Salz und Pfeffer einrühren. Topf vom Herd nehmen und die Suppe mit einem Stabmixer pürieren oder durch ein Sieb passieren.
Die Kürbiskerne fein hacken und kurz in einer Pfanne anrösten. Die Suppe in Teller füllen, je einen Esslöffel Sahne in die Mitte gießen und die Kürbiskerne darüberstreuen.

Zubereitungszeit: ca. 40 Minuten

Mais-Suppe

Zutaten für 4 Personen

4 Maiskolben
1 Zwiebel
1 EL Butter
2 EL Mehl
700 ml Milch
200 ml Schlagsahne
1/2 TL Zitronensaft
Meersalz und Pfeffer

Zubereitung

Die Zwiebel fein hacken. Butter erhitzen und die Zwiebelwürfel darin kurz anbraten.
Das Mehl unterrühren und mit Milch ablöschen. Suppe aufkochen.
Die Maiskörner mit einem Messer von den Kolben lösen und in die Suppe geben. Etwa 15 Minuten kochen lassen, bis der Mais gar ist. Topf vom Herd nehmen.
Die Schlagsahne steif schlagen und vorsichtig in die Suppe rühren. (Nicht mehr kochen!)
Nach Geschmack würzen.

Zubereitungszeit: 40 Minuten

Tipp: Ein Hauch Knoblauch schmeckt in dieser warmen Vorspeise ausgezeichnet. Auch Petersilie oder Basilikum, frisch oder getrocknet, sehen darüber gestreut nicht nur dekorativ aus, sondern geben der milden Suppe eine würzige Note.

Kartoffel-Cremesuppe

Zutaten für 4 Personen

400 g Kartoffeln, mehlig kochend
4 EL Butter
250 g Sahne
1/2 l Gemüsebrühe
Meersalz und Pfeffer
1 TL Kümmel
1/2 Bund Schnittlauch
oder Kräuter wie Bohnenkraut, Bärlauch, Kresse

Zubereitung

Die Kartoffeln schälen und in grobe Würfel schneiden. In Salzwasser etwa 20 Minuten lang kochen. Das Kochwasser abgießen, dabei einen kleinen Teil Kochwasser im Topf zurückbehalten. Die Kartoffeln mit einem Stampfer zerdrücken oder mit einem Stabmixer pürieren.
Die Butter in einem Topf zerlassen und die Sahne zusammen mit der Gemüsebrühe hinzu gießen.
Den Kartoffelbrei dazugeben und mit einem Schneebesen kräftig durchrühren. Nochmals kurz aufkochen lassen und mit Salz, Pfeffer und Kümmel würzen.
Den Schnittlauch waschen, trocknen und klein hacken.
Die Suppe anrichten und mit Schnittlauch oder Kräutern bestreut servieren.

Zubereitungszeit: ca. 40 Minuten

Gemüse-Terrine mit Kräuter-Joghurtsauce

Zutaten für 6–8 Personen als Vorspeise

Gemüse-Terrine

300 g Broccoli
300 g Möhren
2 TL Sonnenblumenöl
3 Becher Vollmilchjoghurt (à 150 g)
3 gehäufte TL Speisestärke
Meer- oder Jodsalz
Weißer Pfeffer
1/2 Bund Petersilie
1/2 Bund Schnittlauch
Gemischte Kräuter: Basilikum, Oregano
1 kleine Zwiebel
2 Knoblauchzehen
3 Eier (mittelgroß)

Kräuter-Joghurtsauce

2–3 Minzeblättchen
die Hälfte der Kräuter von der Terrine
3 Becher Vollmilchjoghurt (à 150 g)
1 TL Olivenöl
1 TL Zitrone

Zubereitung

Gemüse-Terrine

Das Gemüse putzen und klein schneiden. Jeweils getrennt in 1 TL Öl und 1–2 EL Wasser bissfest dünsten. Abkühlen und abtropfen lassen.

Joghurt, Stärke, Salz und Pfeffer verrühren und in drei Schüsseln verteilen.

Kräuter, Zwiebel und Knoblauchzehe klein hacken, vermischen und die Portion halbieren. Eine Hälfte für die Kräuter-Joghurtsauce aufheben, die andere Hälfte mit einer Portion Joghurtcreme verrühren.

Den Broccoli pürieren und unter die zweite Portion Joghurtcreme rühren.

Die Möhren pürieren und unter die dritte Portion Joghurtcreme rühren.

Die Eier trennen. Das Eigelb mit einer Prise Salz schaumig schlagen und zur Möhrenmasse geben.

Das Eiweiß mit einer großen Prise Salz sehr steif schlagen, gleichmäßig auf die drei Terrine-Joghurtmassen verteilen und unterheben.

Eine große Kastenform (mind. 1,2 l Inhalt) dünn einfetten. Erst die Broccoli-, dann die Kräuter- und zuletzt die Möhrenmasse einfüllen.

Die Kastenform auf das tiefe Backblech stellen, in den Backofen schieben und ein Liter Wasser auf das Backblech gießen. Im Backofen bei ca. 150°C 60–80 Minuten

stocken lassen. Bräunt die Masse von oben bevor 60 Minuten herum sind, die Terrine mit Backpapier abdecken. Ist die Masse jedoch nach 60 Minuten von oben noch nicht leicht braun, dann weiter 10–20 Minuten backen, damit die Masse schön fest wird (ist vom Backofen abhängig).
Die Terrine aus dem Ofen nehmen, etwas abkühlen lassen und am besten noch warm aus der Form stürzen. Dazu evtl. die Form zusätzlich mit einem kalten, nassen Lappen an der Unterseite herunter kühlen. Gleitet die Terrine danach nicht von alleine aus der Form, die Terrine mit einem Messer vorsichtig vom Rand lösen.

Kräuter-Joghurtsauce

Die Minzeblättchen klein hacken. Die zweite Kräuterportion von der Terrine mit den übrigen Zutaten vermischen und abschmecken. Die Sauce zu der in Scheiben geschnittenen Terrine reichen und evtl. mit einem Kräuterzweiglein garnieren.

Zubereitungszeit: ca. 40 Minuten plus Backzeit

Tipps: Die Terrine lässt sich gut einen Tag vor dem Verzehr vorbereiten. Sie schmeckt ausgezeichnet als kalte Vorspeise.

Tofu-Gemüsebratlinge

Zutaten für 8 kleine Bratlinge

1 kleine Stange Lauch
1 mittelgroße Möhre
1 kleines Stück Sellerie
1 kleine Zwiebel
2 Knoblauchzehen
500 g Tofu
50 g Sesam
30 g Haferflocken
1 mittelgroßes Ei
Salz und Pfeffer
Öl zum Braten

Zubereitung

Das Gemüse putzen. Den Lauch in feine Streifen schneiden und dann noch einmal kreuz und quer, bis er sehr fein zerkleinert ist. Die Möhre und den Sellerie fein reiben. Die Zwiebel sehr klein hacken. Die Knoblauchzehen pressen. Den Tofu mit der Gabel zerdrücken.
Alle Zutaten in einer Schüssel gut miteinander vermengen und pikant abschmecken.
Kleine Bratlinge formen und mit den Händen fest zusammendrücken. Im heißen Fett von beiden Seiten goldbraun braten.

Zubereitungszeit: ca. 40 Minuten

Pastinaken-Plätzchen

Zutaten für 4 Personen

450 g Pastinaken
300 g Möhren
250 g Pellkartoffeln
1 Bund Petersilie
2 mittelgroße Eier
3–4 EL Weizen-Vollkornmehl
2 TL Salz
1/4 TL Pfeffer
1 TL Honig
4 EL Distelöl

Zubereitung

Pastinaken und Möhren gründlich waschen, bürsten und putzen. Pastinaken schälen und das Holzige entfernen. Das Gemüse sehr fein reiben. Die gegarten Kartoffeln pellen, zerdrücken und mit dem Gemüse mischen. Die Petersilie fein hacken und dazu geben.
Eier, Mehl, Salz, Pfeffer und Honig mischen und zur Plätzchenmasse geben. Alles gut durchkneten. Die Masse soll breiig-fest sein, evtl. noch Mehl oder Wasser zugeben.
Mit bemehlten Händen kleine flache Plätzchen (so groß wie Kartoffelpuffer) formen und im heißen Fett ausbacken, bis sie goldbraun sind.

Zubereitungszeit: ca. 40 Minuten

Tipp: Dazu passt ein Rucola-Salat mit einer Marinade aus Zitrone, gemischten Kräutern und Öl. Die Marinade mit wenig Honig abschmecken und den Salat mit gehackten Haselnüssen überstreuen.

Gefüllte Kohlrabi

Zutaten für 4 Personen

4 mittelgroße Kohlrabi
200 g gekochter roter Reis
100 g gehackte Haselnusskerne
150 g Doppelrahm-Frischkäse
2 mittelgroße Eier
1/2 TL Salz
1/4 TL weißer Pfeffer
2 EL trockener Weißwein
Fett für die Form
200 g geriebener Käse
125 ml kräftige Gemüsebrühe

Zubereitung

Kohlrabi waschen, putzen und in reichlich Salzwasser 10 Minuten bissfest garen. Etwas abkühlen lassen, halbieren und aushöhlen. Das Innere klein hacken.
Den Reis nach Packungsanweisung garen.
Gehackten Kohlrabi, Reis, Haselnüsse, Frischkäse, Eier, Gewürze und Weißwein mischen. Die Masse in die ausgehöhlten Kohlrabi füllen. Die Kohlrabi in eine eingefettete Auflaufform setzen und mit geriebenem Käse bestreuen. Die Gemüsebrühe seitlich angießen.
Kohlrabi im Backofen auf mittlerer Schiene bei 225°C 30 bis 40 Minuten garen. Evtl. zwischendurch abdecken, damit der Käse nicht zu braun wird.

Zubereitungszeit: ca. 30 Minuten plus Backzeit

Variante: Statt die Kohlrabi in Gemüsebrühe zu garen, 3 Tomaten blanchieren, abziehen, pürieren und mit Kräutern sowie Salz abschmecken. Die Kohlrabi darauf setzen und wie oben beschrieben garen.

Pfifferlinge auf Polenta

Zutaten für 4 Personen

Polenta

250 g Maisgrieß
1 TL Meersalz

Pilzpfanne

600 g Pfifferlinge
1 Zwiebel
1 Knoblauchzehe
2 EL Olivenöl
2 EL Butter
1 EL Tomatenmark
150 ml Weißwein
(oder Zitronen-Apfelsaftgemisch)
1 TL getrocknete Gemüsebrühe (Konzentrat)
125 ml Crème fraîche
1 EL gehackte Petersilie
Meersalz und Pfeffer

Zubereitung

Polenta

750 ml Wasser salzen und zum Kochen bringen. Den Maisgrieß langsam einrieseln lassen und die Temperatur reduzieren. Unter ständigem Rühren ca. 40 Minuten köcheln lassen. Wenn die Polenta zu dick wird, noch etwas heißes Wasser zugeben. Wenn die Polenta fast gar ist, die Herdplatte ausschalten und die Polenta bei geschlossenem Deckel nachquellen lassen. Nun die Pilzpfanne zubereiten.

Pilzpfanne

Die Pfifferlinge gründlich putzen. Zwiebel und Knoblauchzehe fein hacken. Öl und Butter in der Pfanne erhitzen. Zwiebel und Knoblauch darin andünsten.
Die Pilze dazugeben und unter Rühren anbraten.
Weißwein (oder Apfel- Zitronensaftgemisch) mit dem Tomatenmark und der Gemüsebrühe verrühren und zu den Pilzen geben. Die Flüssigkeit einköcheln lassen.
Crème fraîche und gehackte Petersilie unterrühren. Die Pilzpfanne mit Salz und Pfeffer würzen.
Die Polenta auf die Teller geben, in die Mitte eine Vertiefung drücken und die Pfifferlinge hineingeben.

Zubereitungszeit: ca. eine Stunde

Sauerkraut mit Esskastanien

Zutaten für 4 Personen

1 Zwiebel
2 EL Butterschmalz
1 kg Sauerkraut
300 ml Wasser
1 kg Esskastanien
1 l Wasser (für die Kastanien)
Meersalz
100 g saure Sahne

Zubereitung

Die Zwiebel abziehen und würfeln. Im erhitzten Butterschmalz glasig dünsten.
Sauerkraut gut abtropfen lassen und zusammen mit dem Wasser zu den Zwiebelwürfeln geben. 30 Minuten köcheln lassen.
Inzwischen die Kastanien in einem Liter Wasser aufkochen und 5 Minuten kochen. Kastanien herausnehmen und sofort so heiß wie möglich schälen.
Die Kastanien zum Kraut geben, abschmecken und salzen. Weitere 10 Minuten köcheln lassen.
Kurz vor dem Servieren die saure Sahne unterrühren.

Zubereitungszeit: ca. 1 Stunde

Cumberland-Sauce

Zutaten für 6–8 Personen

Schale einer ungespritzten Orange
Schale einer halben ungespritzten Zitrone
1 Zwiebel
4 EL Rotwein (alternativ: dunkler Traubensaft mit Zitronensaft)
400 g Johannisbeergelee (rot oder schwarz)
je eine Prise Meersalz und Pfeffer
1–2 Msp. Ingwerpulver
1 1/2 TL Senf
1 1/2 TL Portwein

Zubereitung

Die Orangen- und Zitronenschalen in ganz feine Streifen schneiden. Die Zwiebel abziehen und fein würfeln.
Den Rotwein (oder die Trauben-Zitronensaftmischung) aufkochen, die Temperatur runter schalten und die Schalenstreifchen sowie die Zwiebelwürfelchen hineingeben.
Alles 10 Minuten ziehen lassen. Den Topf vom Herd nehmen und abkühlen lassen.
Die Gewürze mit dem Johannisbeergelee verrühren. Die abgekühlte Rotweinmischung hinein rühren. Zuletzt den Teelöffel Portwein unterrühren und die Sauce abschmecken.
Dazu passen zum Beispiel geschmorte Steinpilze, Grünkernbraten und Kartoffelpüree.

Zubereitungszeit: ca. 30 Minuten

Kartoffel-Apfel-Püree (Beilage)

Zutaten für 4 Personen

600 g Kartoffeln
1 großen Apfel
80 g Rosinen
100 ml Milch
20 g Butter
Meersalz und Pfeffer

Zubereitung

Die Kartoffeln in der Schale kochen oder dämpfen bis sie weich sind.
In der Zwischenzeit den Apfel waschen oder schälen und reiben. Die Rosinen unterheben.
Die Kartoffeln pellen und während sie noch heiß sind, mit Butter und Milch zu Brei zerstampfen.
Die Apfel-Rosinenmischung unter den Kartoffelbrei heben, abschmecken und servieren.

Zubereitungszeit: ca. 30 Minuten

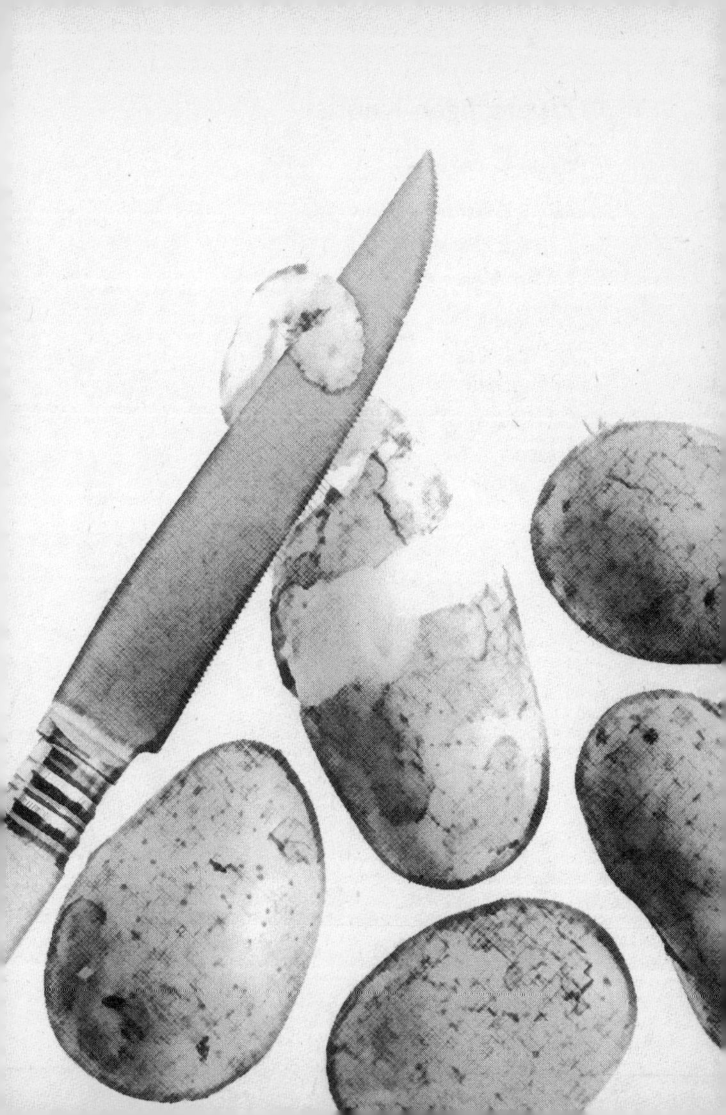

Zwetschgen-Knödel

Zutaten für 4 Personen

300 g Weizen-Vollkornmehl
1 TL Backpulver
1 Msp. Meersalz
250 g Quark
100 g Honig
125 g Butter
Ca. 30 Zwetschgen (Pflaumen)
1 Eigelb
1 TL Milch
eventuell etwas Zimt und Zucker

Zubereitung

Mehl, Backpulver und Meersalz mischen. In die Mitte eine Vertiefung drücken.
Quark abtropfen lassen und zusammen mit dem Honig in die Vertiefung geben. Butter darüber in Stückchen schneiden und alles zügig zusammenkneten. Den Teig mindestens eine halbe Stunde ruhen lassen.
Inzwischen Zwetschgen waschen und entsteinen.
Aus dem Teig eine lange Rolle formen und diese in so viele Teile schneiden wie Zwetschgen vorhanden sind.
Die Zwetschgen in den Teig wickeln. Am einfachsten lässt sich dies bewerkstelligen, indem der Teig auf der Hand-Innenfläche breitgedrückt wird. Das Obst darauf legen und den Teig um das Obst zusammendrücken. Die Knödel auf ein leicht gefettetes Backblech legen.
Das Eigelb mit der Milch verrühren und damit die Knödel bestreichen. Die Zwetschgen-Knödel bei 200°C etwa 40 Minuten backen.
Etwas abkühlen lassen, aber noch warm servieren. Auf Wunsch mit Zimt und Zucker bestreuen.

Zubereitungszeit: ca. 30 Minuten (plus Kühl- und Backzeit)

Kürbispfanne

Zutaten für 4 Personen

500 g gelber Kürbis
250 g Zucchini
250 g Möhren
4 EL Olivenöl
1 Zweig Rosmarin
1 EL Weißwein
Meersalz und Pfeffer
3 Knoblauchzehen
1 EL gehackte Petersilie
4 EL süße Sahne
50 g Mandelstifte

Zubereitung

Den Kürbis schälen und entkernen. Zucchini waschen und putzen, Möhren schälen und alles in dünne Scheiben schneiden.
Das Öl erhitzen und das Gemüse darin unter Wenden anbraten. Den Rosmarinzweig und eine Schuss Wein dazugeben, das Gemüse schmoren lassen. Ab und zu wenden. Wenn alles leicht gebräunt ist, mit Salz und Pfeffer würzen und die Kürbispfanne vom Herd nehmen.
Die Knoblauchzehen fein würfeln und mit der Petersilie unter das Gemüse rühren.
Kürbispfanne auf Tellern anrichten, in die Mitte je einen Esslöffel Sahne geben und die Mandelstifte darüber streuen.

Zubereitungszeit: ca. 40 Minuten

Kartoffelgratin mit Spinat

Zutaten für 4 Personen

750 g Blattspinat
500 g Kartoffeln
2 Knoblauchzehen
Butter für die Form
250 g Sahne
20 g Sonnenblumen- oder Kürbiskerne
50 g frisch geriebenen Parmesan
frisch geriebene Muskatnuss
Meersalz und Pfeffer

Zubereitung

Den Spinat verlesen, putzen und gründlich waschen. Mit etwas Wasser und einer kleinen Prise Salz im geschlossenen Topf bei milder Hitze zusammenfallen lassen. Spinat in einem Sieb abtropfen und abkühlen lassen.
Eine Knoblauchzehe abziehen und die Gratin- oder Auflaufform damit ausreiben. Wer Knoblauch liebt, kann die gehackte Zehe auch nach dem Einfetten der Form auf dem Boden verteilen.
Die Kartoffeln gründlich waschen (am besten mit einer Gemüsebürste unter fließendem Wasser abbürsten), abtrocknen und in sehr dünne Scheiben schneiden.
Abwechselnd eine Lage Kartoffeln und Spinat in die Form schichten. Dabei mit einer Schicht Kartoffeln, Dachziegel ähnlich gelegt, anfangen. Die letzte Schicht sollten Kartoffeln sein.
Die zweite Knoblauchzehe abziehen pressen und zur Sahne geben. Die Sahne mit Salz, Pfeffer und etwas geriebener Muskatnuss würzen. Die Sahne über die geschichteten Zutaten gießen. Sonnenblumen- oder Kürbiskerne und Parmesan darüber streuen.
Im Backofen bei 180°C 40–50 Minuten goldbraun backen.

Zubereitungszeit: ca. 40 Minuten plus Backzeit

Kartoffelpuffer mit Apfel

Zutaten für 20 Kartoffelpuffer

1 kg Kartoffeln
1 Apfel
2 Eier
50 g Weizen-Vollkornmehl
1 Spritzer Zitronensaft
1 TL Meersalz
ca. 50 g Butter
ca. 50 g Öl
etwas Zitronensaft

Zubereitung

Die Kartoffeln gut bürsten, Augen entfernen und die Knollen mit der Schale fein reiben.
Den Apfel waschen, Kerngehäuse entfernen und ebenfalls fein reiben. Den geriebenen Apfel ausdrücken und den Saft abgießen. Die geriebenen Kartoffeln mit dem Apfel mischen.
Die Eier und das Mehl einrühren und salzen. Einen Spritzer Zitronensaft zugeben, damit der Teig nicht braun wird.
Etwas Butter und Fett in der Pfanne erhitzen. Holzlöffelprobe: Am Löffel müssen sich Bläschen bilden. Dann ist das Fett heiß genug. Für jeden Puffer einen gehäuften Esslöffel Brei in das heiße Fett geben und so breit drücken, dass ein dünner Fladen entsteht. Den Pfannkuchen von beiden Seiten goldbraun ausbacken.
Als Beilage schmeckt dazu grüner Salat, Apfelmus oder auch frisches Obst.

Zubereitungszeit: ca. 30–40 Minuten

Tipp: Zum Warmhalten der fertigen Puffer den Backofen auf etwa 125°C vorheizen und einen vorgewärmten Teller mit den ausgebackenen Reibekuchen hineinstellen.

Kräuteröl à la Provence

Menge für eine Flasche

2 Knoblauchzehen
je 1 Zweig Estragon, Thymian, Rosmarin
0,7 l Olivenöl

Die Kräuter gründlich waschen und abtrocknen. Zusammen mit den Knoblauchzehen und dem Öl in eine Flasche geben.

Zubereitungszeit: 5 Minuten

Tipp: Kräuteröl ist auch ein schönes Geschenk!

Sauerkraut

Zutaten für 5 Kilo

5 kg Weißkohl
100 g Meersalz

Zubereitung

Die Weißkohlköpfe von den welken äußeren Blättern befreien und den Kohl fein hobeln.
Das Kraut abwechselnd mit dem Salz in einem Steintopf fest stampfen. Dabei muss nach jedem Stampfen die Lake (Saft) über dem Kraut stehen.
Als letzte Schicht einige Kohlblätter auflegen. Dann folgt ein Brett, das mit einem Stein oder einem Ziegel beschwert wird.
Den Topf mit einem Tuch zubinden und 3–4 Tage in einem warmen Raum stehen lassen. Danach in einen kühlen Raum stellen.
Fünf bis sechs Wochen gären lassen. Dabei alle zwei Wochen Brett und Stein gründlich spülen. Das fertige Sauerkraut ist den ganzen Winter haltbar.

Zubereitungszeit: 1–2 Stunden (plus Gärzeit)

Kürbis mit Feigen im Glas

Zutaten für 3 Gläser à 0,5 l Inhalt

750 g festes Kürbisfleisch
250 g Feigen
1/2 l Weißweinessig
Saft und Schale einer unbehandelten Zitrone
1/2 kg Rohrohrzucker
4 Vanilleschoten
2 Lorbeerblätter

Zubereitung

Das Kürbisfleisch in kleine Würfel schneiden und in einen Topf (Fassungsvermögen: 1 Liter) geben. Die Feigen waschen, trocknen, vierteln und zum Kürbis geben.
Essig und 1⁄4 l Wasser aufkochen und über die Kürbiswürfel mit Feigenvierteln gießen. 12 bis 24 Stunden bei Zimmertemperatur stehen lassen.
Die Kürbis- und Feigenstückchen in ein Sieb geben und den Sud auffangen. Zitronensaft pressen und die Schale in feine Streifen schneiden. Zusammen mit dem Zucker, den aufgeritzten Vanilleschoten und den Lorbeerblättern in den Sud geben und alles einmal aufkochen lassen.
Das Kürbis-Feigengemisch wieder dazugeben und darin ca. 20 Minuten glasig kochen. Die Feigen- und Kürbisstückchen mit einem Schaumlöffel aus dem Sud nehmen und in die Gläser legen. Den Sirup weiter kochen lassen, bis er etwas eindickt. Anschließend über den Kürbis in die Gläser gießen.
Die Gefäße sofort luftdicht verschließen. Gläser kühl und dunkel aufbewahren. Der süßsaure Kürbis ist drei bis fünf Monate lang haltbar.

Zubereitungszeit: ca. 60 Minuten plus mind. 12 Stunden Ruhezeit

Hagebuttenmark

Zutaten für ein Glas à 500 g

500 g Hagebutten
100 ml Wasser

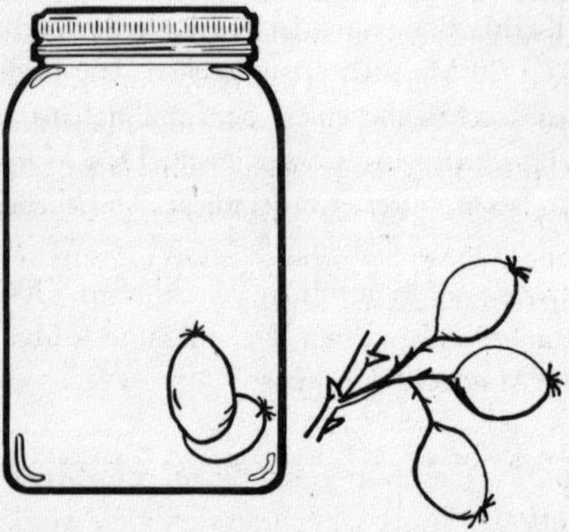

Zubereitung

Die Hagebutten verlesen, Stiel- und Blütenreste dabei entfernen. Die Früchte halbieren und die Kerne herausschaben (am besten mit dünnen Einmal-Handschuhen arbeiten – Juckpulver!).
Die Fruchtschalen gut waschen, bis alle Samenhärchen herausgelöst sind. Die Hagebuttenhälften in einen Topf geben und knapp mit Wasser bedecken. Mit einem Deckel verschließen und über Nacht stehen lassen (mind. 8 Stunden).
Am nächsten Tag die Hagebutten aufkochen und 30 Minuten köcheln lassen, bis die Schalen weich sind. Anschließend alles durch ein Sieb streichen.
Im Kühlschrank ist das Mark rund zwei Wochen haltbar, tiefgekühlt hält es sich ein halbes Jahr. Soll das Hagebuttenmark ohne Tiefkühltruhe lange haltbar sein, so muss es noch einmal aufgekocht und dann in saubere Gläser gefüllt werden. Die Gläser sofort verschließen und auf den Kopf stellen.

Zubereitungszeit: 1–2 Stunden (plus Einweichzeit)

Tipp: Das Hagebuttenmark kann mit Zitronensaft und/oder mit etwas Honig verfeinert werden. Das Mark wird somit zu einem erfrischenden Brotaufstrich.

Hagebutten-Fruchtaufstrich

Zutaten für 6 Gläser à 200 g

700 g Hagebutten
ca. 500 g milden Honig
gemahlene Vanille
Zimt- und Nelkenpulver
evtl. etwas Zitronenschale

Zubereitung

Die Hagebutten wie im vorigen Rezept beschrieben vorbereiten. Die Schalen heiß abspülen und roh pürieren. Die Hagebutten abwiegen. Mit der gleichen Menge Honig mischen und nach Belieben würzen. Den Hagebutten-Fruchtaufstrich in die vorbereiteten Gläser füllen und in einem kühlen und trockenen Raum dunkel lagern. Der Fruchtaufstrich ist dann bis zu drei Monate lang haltbar, obwohl er roh ist.

Zubereitungszeit: 1–2 Stunden

Roher Sanddornsaft

Zutaten für einen halben Liter Saft

1 kg Sanddornbeeren
evtl. etwas milden Honig

Zubereitung

Die Beeren vorsichtig von den Stielen zupfen, da sie sehr leicht platzen. Die Beeren in ein Sieb geben und sorgfältig waschen, zum Schluss einmal heiß abspülen. Die gewaschenen Sanddornbeeren gut abtropfen lassen, anschließend durch ein Sieb streichen oder mit einer Saftzentrifuge entsaften. Der Saft wird zum Trinken 1:5 mit Wasser verdünnt. Nach Belieben kann er auch mit Honig gesüßt werden. Im Kühlschrank aufbewahrt hält er sich mindestens zwei Wochen.

Zubereitungszeit: ca. 30 Minuten

Sanddornsirup

Zutaten für etwa 2,5 Liter Sirup

1 l Sanddornsaft
1 l Wasser
1 kg Vollrohrzucker
gemahlene Vanille

Zubereitung

Den Sanddornsaft durch ein Sieb geben, um ihn etwas zu klären.
Wasser und Zucker und gemahlene Vanille dazugeben, verrühren und alles zu Sirup kochen. Noch heiß in Flaschen füllen.
Der Sirup ist mit Mineralwasser aufgefüllt ein erfrischendes Getränk, süßt aber auch Backwaren, Joghurt oder Quark.

Zubereitungszeit: ca. 50 Minuten

Sanddornmus

Zutaten für 500 g

500 g Sanddornbeeren
2 EL milder Honig

Zubereitung

Die gewaschenen Beeren abtropfen lassen, durch ein Sieb streichen und mit dem Honig verrühren.
Dieses Mus ist besonders Vitamin-C-reich. Es eignet sich als Brotaufstrich und als Zutat in Milchshakes, Joghurt, Eis oder Müsli.

Zubereitungszeit: ca. 30 Minuten

Quitten-Fruchtaufstrich

Zutaten für 4 Gläser à 450 g

1 kg Quitten
375 ml Wasser oder Apfelsaft
4 EL Zitronensaft
ca. 1 kg Vollrohrzucker

Zubereitung

Je nach Quittensorte den Flaum auf den Quitten mit einem Tuch gut abreiben, Stiele und Blüten entfernen. Die Quitten waschen und in Stücke schneiden. Ein scharfes Messer ist für diese Prozedur sehr empfehlenswert!
Die Quitten in Wasser oder Apfelsaft etwa 15 Minuten weich kochen und danach durch ein Sieb streichen.
Das Mus abwiegen und ebenso viel Zucker dazu rühren. Mit Zitronensaft würzen und 10 Minuten kochen lassen. Gelierprobe machen. Quitten haben eine hohe Gelierfähigkeit. Evtl. etwas Apfelsaft zugeben. Die Marmelade dann aber noch einmal aufkochen lassen und danach sofort in saubere Gläser füllen.
Diese Marmelade schmeckt kräftiger als das bei uns erhältliche Quittengelee.

Zubereitungszeit: ca. 1 1/2 Stunden

Tipp: Statt 1 kg Quitten je 1/2 kg Äpfel und Quitten zu Aufstrich verarbeiten – köstlich!

Quitten, süß-sauer

Zutaten für 2 Gläser à 1 Liter

1 kg Quitten
1/2 l Obstessig
200 g Vollrohrzucker
abgeriebene Schale 1/2 Zitrone
Wacholderbeeren und Gewürznelken
Meersalz

Zubereitung

Die Quitten schälen, vierteln, entkernen und in kleinere Stücke schneiden.
Obstessig mit den anderen Zutaten aufkochen und die Quitten etwa 20 Minuten darin glasig garen.
Die Quitten mit einer Schaumkelle aus dem Topf nehmen und in die Gläser schichten.
Den Essigsud abschmecken und nochmals aufkochen lassen. Die Gläser damit auffüllen. Die Früchte sollten mindestens einen Zentimeter damit bedeckt sein. Die Gläser sofort verschließen und kühl lagern.

Zubereitungszeit: ca. 60 Minuten

Quittenlikör

Zutaten für 2 Flaschen à 0,5 Liter

1/2 kg Quitten
150–200 g Vollrohrzucker
1/2 l Weinbrand
2–3 Nelken oder Korianderkörner

Zubereitung

Die Quitten gründlich abreiben und mit der Schale in eine Schüssel hobeln. Zugedeckt über Nacht (mindestens acht Stunden) ruhen lassen.
Am nächsten Tag die Quitten durch ein Tuch pressen und den Saft in einem Topf auffangen.
Den Zucker in den Saft geben und so lange kochen lassen, bis sich der Zucker vollständig aufgelöst hat. Den Saft abkühlen lassen.
Den Weinbrand in den abgekühlten Saft gießen und mit Nelken oder Koriander würzen. Alles gut durchrühren und in gut verschließbare Flaschen füllen.
Die verschlossenen Flaschen drei bis vier Monate bei Zimmertemperatur ziehen lassen.

Zubereitungszeit: ca. 60 Minuten plus Ruhezeit

Holunderlikör

Menge für ca. 5 Flaschen Likör

2 kg Holunderbeeren
400 g Rohrohrzucker
1 TL gemahlene Vanille
400 g milder Honig
1 Flasche 54%-iger Rum

Zubereitung

Den Holunder waschen, verlesen und in einem halben Liter Wasser 20 Minuten kochen. Durch ein Tuch pressen. Den Saft mit dem Zucker und der Vanille mischen. Zusammen fünf Minuten kochen. Den Honig zugeben und noch einmal fünf Minuten leise simmern lassen. Den Rum zugeben und den Likör sofort in Flaschen füllen.

Zubereitungszeit: ca. 2 Stunden

Hochprozentige Johannisbeeren

Zutaten für 2 Flaschen à 0,75 Liter

500 g schwarze Johannisbeeren
4 Gewürznelken
500 g Vollrohrzucker
1 l Kornbrand

Zubereitung

Die Johannisbeeren abbrausen und abtropfen lassen. Die Beeren von den Rispen streifen und auf die zwei Flaschen verteilen.
Die Nelken und den Zucker auf die Beeren verteilen und jeweils so viel Kornbrand dazu gießen, bis die Flaschen bis obenhin gefüllt sind.
Die Flaschen verschließen und an einem dunklen, aber nicht kalten Ort für acht bis zehn Wochen lagern. Zwischendurch sollten die Flaschen immer wieder gedreht und leicht geschüttelt werden, damit sich der Zucker, der sich langsam auflöst, gut verteilt.

Zubereitungszeit: 5 Minuten

Serviceteil

Rezeptverzeichnis

Aid Auswertungs- und Informationsdienst für Ernährung, Landwirtschaft und Forsten e.V., Friedrich-Ebert-Str. 3, 53177 Bonn, Tel.: 0228-84990, www.aid.de

AGÖL Arbeitsgemeinschaft Ökologischer Landbau e.V., Brandschneise 1, 64295 Darmstadt, Tel.: 06155-2081, www.agoel.de

AgV Arbeitsgemeinschaft der Verbraucherverbände e.V., Heilsbachstraße 20, 53123 Bonn, Tel.: 0228-64890, www.agv.de, Broschürendienst: Postfach 1116, 59930 Olsberg

ANOG Arbeitsgemeinschaft für naturnahen Obst-, Gemüse- und Feldfruchtanbau, Pützchens Chaussee 60, 53227 Bonn, Tel.: 0228-461262, www.bonet.de/ANOG/Haupt.html

Bioland Verband für organisch-biologischen Landbau e.V., Kaiserstr. 18, 55116 Mainz, Tel.: 06131-239790, www.bioland.de

BNN Bundesverbände Naturkost Naturwaren, Robert-Bosch-Straße 6, 50354 Hürth-Efferen, Öffentlichkeitsarbeit unter Tel.: 02233-9633811, www.n-bnn.de

DEMETER-Bund, Brandschneise 2, 64295 Darmstadt, Tel.: 06155-84690, www.demeter.de

DGE Deutsche Gesellschaft für Ernährung, Im Vogelsgesang 40, 60488 Frankfurt am Main, Tel.: 069-9768030, www.dge.de

Forschungsinstitut für Kinderernährung, Heinstück 11, 44225 Dortmund, Tel.: 0231-714021 (Bandansage Broschürendienst; Stift und Zettel bereithalten!)
GÄA Vereinigung ökologischer Landbau, Bundesverband, Am Beutlerpark 2, 01217 Dresden, Tel.: 0351-4012389, www.gaea.de
Kinderernährungswerk e.V., Sedanstr. 19, 20146 Hamburg, Tel.: 040-4123
Ökosiegel e.V., Barnserring 1, 29581 Gerdau, Tel.: 05808-1834
Naturland-Verband für naturgemäßen Landbau e.V., Kleinhaderner Weg 1, 82166 Gräfelfing, Tel.: 089-8980820, www.naturland.de
Schrot & Korn (Zeitschrift aus dem Naturkostladen), Am Eichwald 24, 64850 Schaafheim, Tel.: 06073-74820, www.naturkost.de
SÖL Stiftung Ökologie und Landbau, Weinstraße Süd 51, 67098 Bad Dürkheim, Tel.: 06322-8666, www.soel.de
UGB -Verband Deutschland, Verein für unabhängige Gesundheitsberatung, Sandusweg 3, 35435 Giessen-Wettenberg, Tel.: 0641-77785, www.ugb.de
Die **Verbraucher Initiative e.V.**, Breite Straße 51, 53111 Bonn, Tel.: 0228-7263393, www.umwelt.de/initiative/verbraucher, Broschürendienst: www.umwelt.de/initiative/verbraucher/bestell.htm

Bio-Wein. Hrsg.: Verlag Schrot & Korn; ISBN 3-9806743-1-2. *Alles über die wichtigsten Bio-Weinsorten: Anbaugebiete, Herstellung und wie sie zum Essen passen.*

Das große Lexikon der Lebensmittel. Hrsg.: Südwest Verlag; ISBN 3-517-07736-4. *Umfassendes und sehr informatives Nachschlagewerk, inklusive Verarbeitungstipps und Rezepte.*

Gemüse (Broschüre). Hrsg.: Auswertungs- und Informationsdienst für Ernährung, Landwirtschaft und Forsten (aid); 5,– DM; ISBN 3-89661-885-7. *Die wichtigsten Gemüsesorten im Überblick.*

Gemüse à la Saison. Bestellung gegen Rechnung direkt bei: Verbraucher-Zentrale NRW, Zentralversand, Adersstr. 78, 40215 Düsseldorf. Preis: 25,– DM plus 3,– DM für Porto und Versand. *Umfangreiches zweibändiges Werk: Heimisches Gemüse im Porträt; dazu rund 300 Rezepte.*

Kursbuch gesunde Ernährung von Ingeborg Münzing-Ruef; Heyne Verlag, München; 19,90 DM; ISBN 3-453-12256-9. *Umfassendes Nachschlagewerk.*

Obst (Broschüre). Hrsg.: Auswertungs- und Informationsdienst für Ernährung, Landwirtschaft und Forsten (aid); 4,– DM; ISBN 3-89661402-9. *Die wichtigsten Obstsorten im Überblick, mit Obst-Einkaufskalender.*

Obst à la Saison. Bestellung gegen Rechnung direkt bei: Verbraucher-Zentrale NRW, Zentralversand, Adersstr. 78, 40215 Düsseldorf. Preis: 18,– DM plus 3,– DM für Porto und Versand. *Umfangreiches zweibändiges Werk: Heimisches Obst im Porträt; dazu rund 240 Rezepte.*

Vegetarische Ernährung – Gesund und bewusst essen von Claus Leitzmann und Andreas Hahn; Trias/Thieme Verlag, Stuttgart; ISBN 3-89373-426-0. *Abhandlung über vegetarische Vollwertkost plus Rezepte.*

Vollwert-Ernährung – Konzeption einer zeitgemäßen Ernährungsweise von Claus Leitzmann, Karl von Koerber und Thomas Männle; HAUG Verlag, Heidelberg; ISBN 3-7760-1734-1. *Grundlagenwerk; keine Rezepte.*

Glossar